遇见奎虚

王玉梅 / 主编

一至五届奎虚图书奖获奖作品汇辑

山东人民出版社·济南

国家一级出版社 全国百佳图书出版单位

图书在版编目（CIP）数据

遇见奎虚：一至五届奎虚图书奖获奖作品汇辑／王
玉梅主编. —济南：山东人民出版社，2023.10
　ISBN 978-7-209-14818-4

　Ⅰ.①遇…　Ⅱ.①王…　Ⅲ.①图书－介绍－山
东　Ⅳ.①G236

中国国家版本馆CIP数据核字（2023）第181829号

遇见奎虚——一至五届奎虚图书奖获奖作品汇辑
YUJIAN KUIXU—YI ZHI WU JIE KUIXU TUSHU
JIANG HUOJIANG ZUOPIN HUIJI

王玉梅　主编

主管单位　山东出版传媒股份有限公司
出版发行　山东人民出版社
出 版 人　胡长青
社　　址　济南市市中区舜耕路517号
邮　　编　250003
电　　话　总编室（0531）82098914
　　　　　市场部（0531）82098027
网　　址　http://www.sd-book.com.cn
印　　装　山东新华印务有限公司
经　　销　新华书店

规　　格　16开（166mm×230mm）
印　　张　20.5
字　　数　150千字
版　　次　2023年10月第1版
印　　次　2023年10月第1次
ISBN 978-7-209-14818-4
定　　价　98.00元
　　　　　如有印装质量问题，请与出版社总编室联系调换。

编 委 会

· ·

常讀醒志求魯壁

少慮清心向奎虛

顏世

山东省图书馆党委书记、馆长、研究馆员刘显世

历届掠影

第一届

1　首届奎虚图书奖评选工作座谈会（一）

2　首届奎虚图书奖评选工作座谈会（二）

1　首届奎虚图书奖评选工作座谈会（三）
2　首届奎虚图书奖专家评审现场

1 首届奎虚图书
奖优秀图书奖获奖
作者代表
2 首届奎虚图书
奖优秀奖图书出版
单位代表
3 首届奎虚图书
奖"悦"读会——
少军老师讲述《不
一样的数学故事》

第二届

1 第二届奎虚图书奖专家评审现场（一）
2 第二届奎虚图书奖专家评审现场（二）
3 第二届奎虚图书奖专家评审委员会委员

1 王玉梅副馆长主持第二届奎虚图书奖颁奖仪式

2 第二届奎虚图书奖推荐图书奖获奖作者代表

<table>
<tr><td>1</td></tr>
<tr><td>2</td></tr>
</table>

1　第二届奎虚图书奖优秀图书奖获奖作者代表
2　第二届奎虚图书奖特别图书奖获奖作者代表

第三届

	1	
2	3	
4	5	

第三届奎虚图
书奖评选暨鲁
版图书阅读推
广座谈会（一）

第三届奎虚图书奖评选暨鲁版图书阅读推广座谈会（二）

1　第三届奎虚图书奖专家评审委员会委员　　2　第三届奎虚图书奖专家评审现场（一）

3　第三届奎虚图书奖专家评审现场（二）　　4　第三届奎虚图书奖专家评审现场（三）

1　第三届奎虚图书奖推荐图书奖获奖编辑代表
2　第三届奎虚图书奖推荐图书奖获奖作者代表
3　第三届奎虚图书奖优秀图书奖获奖编辑代表

1　第三届奎虚图书奖优秀图书奖获奖作者代表
2　第三届奎虚图书奖"悦"读分享会——唐明华老师
　　讲述《大风歌——中国民营经济四十年（1978—2018）》

第四届

1　刘显世馆长为评审专家代表颁发聘书
2　第四届奎虚图书奖专家评审委员会委员

<table>
<tr><td>1</td></tr>
<tr><td>2</td></tr>
<tr><td>3</td></tr>
</table>

1 第四届奎虚图书奖
专家评审现场（一）
2 第四届奎虚图书奖
专家评审现场（二）
3 第四届奎虚图书奖
专家评审现场（三）

1 第四届奎虚图书奖
专家评审现场（四）
2 第四届奎虚图书奖
专家评审现场（五）
3 第四届奎虚图书奖
专家评审现场（六）

1 第四届奎虚图书奖刘显世馆长致辞

2 第四届奎虚图书奖推荐图书奖获奖编辑代表

3 第四届奎虚图书奖推荐图书奖获奖作者代表

|1|
|2|
|3|4|

1　第四届奎虚图书奖优秀图书奖获奖编辑代表

2　第四届奎虚图书奖优秀图书奖获奖作者代表

3　第四届奎虚图书奖出版贡献奖获奖单位代表

4　第四届奎虚图书奖"悦"读分享会——兰传斌老师讲述
　　《发往前线的家书》

第五届

<table>
<tr><td>1</td><td>2</td></tr>
<tr><td>3</td><td>4</td></tr>
</table>

1　第五届奎虚图书奖专家评审委员会委员
2　第五届奎虚图书奖专家评审现场（一）
3　第五届奎虚图书奖专家评审现场（二）
4　第五届奎虚图书奖专家评审现场（三）

1　第五届奎虚图书奖推荐图书奖获奖编辑代表
2　第五届奎虚图书奖推荐图书奖获奖作者代表（一）
3　第五届奎虚图书奖推荐图书奖获奖作者代表（二）

1
2
3

1 第五届奎虚图书奖优秀图书奖获奖编辑代表

2 第五届奎虚图书奖优秀图书奖获奖作者代表

3 第五届奎虚图书奖特别图书奖获奖作者代表

1　第五届奎虚图书奖出版贡献奖获奖单位代表

2　第五届奎虚图书奖首期奎虚读书会——唐玮老师讲《母亲河》（一）

3　第五届奎虚图书奖首期奎虚读书会——唐玮老师讲《母亲河》（二）

前言

岁月不居，时节如流。奎虚图书奖从 2016 年落地，到如今已经成功举办五届，在社会各界的关心关注和大力支持下，奎虚图书奖从无到有、从小到大，正在茁壮地成长。

齐鲁多圣贤，奎虚度文存。山东自古人文荟萃、名家辈出，经典迭现。山东省图书馆始终将山东优秀出版物的收集、整理作为文献资源建设的重点，一直以来将鲁版图书的阅读推广作为资源建设的突破口。2016 年，山东省图书馆在推动区域出版和引领全民阅读方面实现有机结合，在充分调研的基础上，创新设立"奎虚图书奖"。奎虚图书奖是国内首个只关注区域出版的评奖项目，通过对读者喜爱的鲁版图书的评选，吸引大众关注山东区域出版，推动山东出版向精品化、品牌化方向发展；向大众推荐好书，引领齐鲁阅读风尚，分享阅读理念，播撒书香种子，传递阅读之美。

七年来，在社会各界的鼎力支持下，奎虚图书奖围绕讲好山东故事、培育鲁版图书优秀阅读品牌积极作为，在倡导读书、组织读书、服务读书中发挥了主阵地、主力军作用，得到全社会的广泛关注与肯定。我们可以自豪地说，鲁版图书阅读之花已经在齐鲁大地上绽放。

未来，我们将继续以社会责任引领阅读，围绕阅读推广品牌化建设，搭建"奎虚图书奖线上阅读平台"，实现线上阅读推广和线下奎虚读书会活动融合，推动奎虚读书会和鲁版图书展览走向全省，打造一个形式更加灵活、公众更易接受、更加亲民的奎虚图书奖，引领更多人参与阅读，点燃更多人的阅读热情，共同为培养公众阅读、助力山东出版、传承齐鲁文明、发挥文化强省的主阵地作用做出更优异的成绩。

《遇见奎虚——一至五届奎虚图书奖获奖作品汇辑》这本小书详细介绍了每届奎虚奖评选的情况、获奖图书介绍等，优秀奖作品和特别奖作品由评审专家撰写推荐语，推荐奖作品的内容简介则全部由奎虚图书奖组委会成员完成，入围图书在书中以列表的形式呈现，以便读者查阅。图书后附历届奎虚图书奖章程，还有鲁版图书作者、评审专家、各地市图书馆、出版社编辑和社领导等各方的寄语。

回顾五届奎虚图书奖走过的历程，有感慨，更多的是希冀。最是书香能致远，唯有墨卷方至恒。最后，由衷地感谢本书的所有作者们，感谢他们为奎虚图书奖所付出的心血和努力。

遇见奎虚，遇见美好！

本书编者
2023 年 6 月

目录

优秀奖作品

特别奖作品

推荐奖作品

优秀奖作品

推荐奖作品

优秀奖作品

推荐奖作品

优秀奖作品

特别奖作品

推荐奖作品

第一届奎虚图书奖

奎虚图书奖，是山东省图书馆发起的公益性图书评选。"奎星主鲁，虚星主齐，以天文分野括齐鲁疆域"，奎虚图书奖寓意齐鲁文脉之厚重。评选坚持"倡导原创、关注本土、大众普适"的原则，旨在推出适宜阅读、读者喜爱的鲁版图书，引导公众的阅读取向，培养公众的阅读兴趣，吸引公众关注山东区域出版，发挥山东省图书馆在倡导读书、服务读书、传承地方文明中的重要作用，建立全省图书馆界服务全民阅读的示范平台，搭建一个作者、读者、学者、出版者、图书馆相互交流沟通的平台，打造作者写好书、出版社出好书、读者读好书的良好社会氛围，担负起集存、传承、弘扬齐鲁文明的社会责任。

首届"奎虚图书奖——我最喜爱的鲁版书"评选活动启动后，得到社会各界的广泛关注。经过全省18家出版社自荐和18家公共图书馆（编者注：含原莱芜市图书馆）推荐，产生366种初评书目；再经过读者投票，从中产生256种入围书目；专家评审委员会对入围书目进行评议，结合图书的投票排名，最终评选出10种优秀图书和30种推荐图书。

优秀奖作品

国家记忆——一本《共产党宣言》的中国传奇

铁流、徐锦庚　著

济南：山东文艺出版社，2014

ISBN 978-7-5329-4469-9

专家荐语

以史为鉴，可知兴衰。经典力量，穿越时空。

铁流、徐锦庚所著的《国家记忆——一本〈共产党宣言〉的中国传奇》讲述了一段鲜为人知的革命历史传奇，一段不能忘却的国家记忆。

这是一部重叙《共产党宣言》中国传奇的史诗性大书，其以深具历史真实性、社会生活现场感和审美意蕴的文学书写，还原了中华民族一个世纪以来救亡图存政治革命的风云际会、时代大潮，雕绘出为国家富强、民族独立和人民幸福，抛头颅、洒热血，前赴后继、英勇牺牲的共产党人群像，让我们看到了坚守理想信仰的人们是如何成长为一个民族、一个国家的中流砥柱的，我们从中读到了信仰力量的强大。作品题材独特，主旨深远，具有发人深省的思索和直抵人心的震撼力量，对于当下的社会生活具有很好的思想启示意义。

专家简介

王志东　山东社会科学院副院长，研究员，山东省首批齐鲁文化名家。

汉字思维

申小龙 等著

济南：山东教育出版社，2014
ISBN 978-7-5328-7219-0

专家荐语

　　汉字作为体现中国文化的书面符号系统，是在几千年的文化进化过程中自然生成的。如何发掘汉字所蕴含的深邃文化，一直是语言学界矢志不渝的努力方向。申小龙等著的《汉字思维》一书，从文化的视角来重新解读汉字，把汉字视为汉民族思维和交际最重要的书面符号系统。正是基于这一学术理念，著者将语言（言）、文字（文）和视象符号（象）三者作为文化的核心要素和条件。为此，著者提出汉字不仅是汉文化的载体和存在基础，也是中国语文得以建构的基本条件。这恰如著者所宣示的那样，本书预示着中国语言文化研究在一个世纪的"去汉字化"历程之后"再汉字化"的世纪转向。这一转向的本质就是在中国文化的地方性视界与世界性视界融通的过程中，重新确认汉字在文化承担和文化融通中的巨大功用和远大前景。

专家简介

　　李宗刚　《山东师范大学学报（人文社会科学版）》主编，山东师范大学文学院教授，博士生导师。

日本侵华图志（25 卷）

张宪文　主编

济南：山东画报出版社，2015

ISBN 978-7-5474-1456-9 等

专家荐语

这是一段沉重的历史，这是一部厚重无比的书。煌煌 25 卷，2.5 万幅十分珍贵的原始照片，其中约 2/5 共计 1 万幅以上的图片，是在国内第一次公开出版。这部书由国内著名专家团队领衔编纂，以图像展现和解说了日本侵华的历史，墨写的谎言抵不过血染的图像。本书从来自日本、美国、中国等国家和地区的公私收藏的海量日本侵华的历史图片中精心遴选，以"重要性、稀缺性和高清晰"为原则，坚持"高水准、原创性、学术性、科学性、权威性"的统一，全面、系统、客观、直接地介绍和展示了日本帝国主义从明朝倭寇侵犯我东部沿海，直到 1946 年战败投降受审的全过程与主要历史事实，是一部值得珍藏的历史影像文献。

专家简介

李西宁　山东省图书馆副馆长，研究馆员，中国图书馆学会阅读文化研究委员会主任，山东省尼山书院理事会秘书长。

天南地北山东人（3卷）

卢敏 著

济南：山东人民出版社，2014

ISBN 978-7-209-08379-9

专家荐语

这是一部以山东卫视著名电视纪录片《天南地北山东人》为基础，经过重新采访写作的三卷本"山东游子大传"的图书作品，辑录了国内外 188 位山东籍人物的精彩人生故事，是作者用了 20 年时间完成的大型纪实作品的精粹。本书入选人物都是在海内外华人中非常具有代表性的山东籍名人，包括对国家和民族具有重大贡献者、知名度极高者、非同寻常的传奇色彩者、所在领域的国际或国内翘楚。这部作品以极富生命力的创意、独特的文化视角、鲜明的地域特色，充分展现了海内外山东籍杰出人物为国家富强、民族振兴而奋力拼搏、艰苦创业的坎坷经历，埋头苦干、矢志不渝的人生精神，是全面展示和了解山东人群体的一个重要窗口，不仅具有很高的口述学价值、历史档案价值，更具有宝贵的人生励志作用、文化感悟价值和思想启示意义。

专家简介

王志东 山东社会科学院副院长，研究员，山东省首批齐鲁文化名家。

中国风尚史（4卷）

陈炎　主编

济南：山东友谊出版社，2015

ISBN 978-7-5516-0664-6

ISBN 978-7-5516-0665-3

ISBN 978-7-5516-0663-9

ISBN 978-7-5516-0666-0

专家荐语

　　时尚如红颜，美丽惊艳了岁月，使沧桑历史有了可感知的温度、绚丽的颜色和芬芳的味道，乃至摇动心旌的情感。阅读历代风尚史，也许是感知发现新的时尚的过程。《中国风尚史》（1—4卷）为历时十载的呕心之作，重新用美学眼光审视中国古代风气、习俗历史发展的专题触点。其以风尚之美串起中国历史上各个时代的衣食住行、婚丧嫁娶、生老病死、休闲娱乐、文学艺术、思想哲学，聚合了从物质层次到中间层次再到精神层次，体现了厚重历史的目光和严谨的逻辑思路，尤为难得的是文辞轻松优美，图文并茂，实嘉惠读者。

专家简介

　　李西宁　山东省图书馆副馆长，研究馆员，中国图书馆学会阅读文化研究委员会主任，山东省尼山书院理事会秘书长。

最后的乡贤——郭连贻传

李登建　著

济南：山东文艺出版社，2014

ISBN 978-7-5329-4491-0

专家荐语

　　随着中国社会现代化进程的加速，乡村和以乡村为代表的传统文化逐渐让位于都市和以都市为代表的现代文化。与此同时，乡村文化的精英——乡贤，也逐渐成为渐行渐远的历史背影。《最后的乡贤——郭连贻传》一书的作者李登建，敏锐地捕捉到了这一重要文化现象，并在深入生活的基础上，用散文体的形式，写就了这样一部带有深厚文化底蕴的人物传记。作者注重用真实、生动的细节，为我们塑造了一个富于传奇色彩和精神意志的乡贤形象，凸显了郭连贻的"乡贤"这一文化品格，着力表现了社会进步过程中存在的历史悖论——乡贤在现代社会中陷入被边缘化的窘境。缘于作者站在现代社会的文化立场上重新审视传统社会的乡贤现象，所以，这一文本并不仅仅是对传统文化渐行渐远而吟唱的挽歌，更是对现代文化渐行渐近而作出的沉思。

专家简介

　　李宗刚　《山东师范大学学报（人文社会科学版）》主编，山东师范大学文学院教授，博士生导师。

爱因斯坦的梦想

张戬　主编
济南：山东科学技术出版社，2015
ISBN 978-7-5331-7653-2

专家荐语

　　人人都有梦想，梦想就是我们人类不断追寻和探索的动力之源！伟大的物理学家爱因斯坦有什么样的梦想呢？让我们翻开这本书去看看吧！

　　时间是什么？量子为何物？相对论离我们的生活有多远？光与能量有何关系？宇宙是不是就是我们观察到的三维世界？暗能量又是什么呢？我们的宇宙是在弦上跳舞吗？让我们伴着《爱因斯坦的梦想》启航，一起去追寻光的足迹，去了解神秘的量子世界，去感受物理学家眼中的世界，去探寻物质世界的基本规律，去思考、去接受、去运用科学知识，共同创造美好未来！

专家简介

　　刘建强　山东大学物理学院教授，博士生导师，基础物理教学研究中心主任。

改变世界的发明

［美］肯德尔·亥文　著

青岛：青岛出版社，2014
ISBN 978-7-5552-1066-5

专家荐语

　　发明是 99% 的汗水加 1% 的灵感，但很多时候 1% 的灵感更重要。世界因为有了发明才变得更加繁荣和发达，人们的生活因为有了创造才变得更加便捷和美好。你想领略科学巨匠的风采，实现你的发明理想吗？你想让你的孩子见证伟大发明的诞生、丰富知识和启迪创新吗？请阅读《改变世界的发明》一书，该书由美国肯德尔·亥文著，徐莉娜等人翻译，青岛出版社出版发行。书中介绍了历史上诸如蒸汽机、交流电、机器人等 100 个最重要的科学发明，每一篇都叙述了每个发明的出现过程及其产生的影响，或许，该书会激发你的发明灵感，为你成为一名当代科学创客助一臂之力。

专家简介

　　周世文　山东省科协原秘书长，山东省科技馆原馆长，研究员。

不一样的数学故事（6册）

张秀丽、龚房芳、梦小得　著

济南：山东教育出版社，2014

ISBN 978-7-5328-8533-6

ISBN 978-7-5328-8534-3

ISBN 978-7-5328-8535-0

ISBN 978-7-5328-8536-7

ISBN 978-7-5328-8537-4

ISBN 978-7-5328-8538-1

专家荐语

　　这是一套好看的故事书。故事中有来自外星球的怪怪老师，有淘气包皮豆同学、漂亮乖巧的蜜蜜同学、霸气的班长女王同学、帅哥十一同学、天才萌呆的博多同学，噢，还有一只忠实可靠的外星流浪狗乌鲁鲁。作者用生动俏皮的文字讲述了老师和同学们从一年级到六年级的"数学王国奇遇记"。

　　亲爱的小读者们，如果你不喜欢数学，请一定来看这本书，你会发现，原本枯燥乏味的数学竟然如此生动有趣！如果你喜欢数学，也请一定来看这本书，你会发现，自己对数学的喜爱又增添了十分！

专家简介

　　王伟　山东艺术学院教授，文艺学博士。

寻找鱼王

张炜 著

济南：明天出版社，2015

ISBN 978-7-5332-8564-7

专家荐语

　　这是一个中国式的"寻找"和"成长"的故事，值得家长和孩子们一起阅读和领悟。

　　山中少年背负着父母的期望，怀揣野心与梦想，离开家去寻找传说中的鱼王。他先后找到一男一女两位鱼王师父。在他们的教导下，他渐渐明白，成为别人眼中的传奇并不重要，重要的是如何做人，如何去爱人，如何与自然万物和谐共生。作者用简洁优美的语言描绘了神秘秀丽的山水自然，塑造了散发着中国本土文化精神的人物形象，既为小读者们讲述了一个动听的故事，也将中华文明中的古老智慧"润物细无声"地播撒到每一个被感动的心灵中。

专家简介

　　王伟　山东艺术学院教授，文艺学博士。

推荐奖作品

"二拍"与晚明文化变迁

郑亮　著

济南：齐鲁书社，2014

ISBN 978-7-5333-3097-2

　　晚明的商业活动是社会变化新的活跃点，改变着人们的生活方式，形成了浓厚的商业文化。本书以城市工商业者特别是商人为主要人物或重要人物来描述，塑造了商人群体形象，从语言通俗化的转变、语言个性写作的转变、商业文化变迁、宗教文化变迁及心学思潮流布等多个方面对"二拍"与晚明文化变迁关系进行了深入阐述，展示了明代中叶以后经济、政治以及习俗等方面的社会风情。本书系作者在其博士论文的基础上修订而成，资料丰富，论析深入，主要适合文学研究人员阅读。

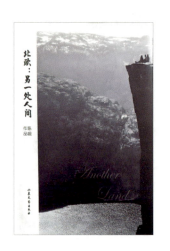

北欧：另一处人间

陈岘　著

济南：山东文艺出版社，2015
ISBN 978-7-5329-4949-6

　　提到欧洲，我们的第一反应大多会是法国、德国、意大利等西欧、中欧、南欧诸国，对于北欧的印象，似乎只有几点零星的记忆碎片，曾经造访过北欧的旅行者，对北欧最深的印象表达或美、或静、或贵，也有人说北欧是人类社会的最后一片净土。作者陈岘于 2014 年 1 月到 6 月赴瑞典于默奥大学访学半年，在此期间，游历瑞典、挪威、冰岛、丹麦、芬兰等北欧五国，将所见之风光人物、所闻之奇闻趣事、所感之风土人情记录于笔下，并将游学之中所见所学的许多细节加以哲学式的分析和反思，行诸成文，为广大读者全面、细致、深刻地了解北欧的环境、社会、文化提供了一个全新的视角。

蚩尤考证

汪海波　著

济南：齐鲁书社，2014

ISBN 978-7-5333-3148-1

文字的历史是怎样追溯到炎皇时代的？苗族古歌传递的是历史信息吗？传说中的地方能够找到现实遗迹吗？

本书通过对以"阚"为中心的调查研究，试图解释一个传说的时代，发现两座湮没的迷城，还原三世炎皇的风貌，寻踪四夷迁徙的图腾。初步提出以下历史地理观点：太皞、少皞和蚩尤，是炎皇时代九黎联盟的大首领，活动在泰山至古大野泽一带；"中都"即"涿鹿""邹屠"，是"中土冀州"的遗存；致密城是炎皇活动中心之一；蚩尤冢在阚城。

传承记忆——非物质文化遗产代表性传承人寻踪实录（2卷）

王玮琦　著

济南：山东人民出版社，2014
ISBN 978-7-209-05779-0

本书是以非物质文化遗产代表性传承人的口述及提供的资料为基本素材，撰写结集的人物传记书籍。本书著者历时五年时间，在山东省内采访了由原文化部和原山东省文化厅审定的国家级和山东省省级"非遗"代表性传承人90余名，从中遴选出48位载入本书。全书图文并茂，真实可信地再现了各位传承人的生平和文艺特色，丰富了文化传承口述史方面的内容，对完整保存文化成果具有重大意义。

古代《诗经》接受史

宁宇 著

济南：齐鲁书社，2014
ISBN 978-7-5333-3242-6

本书按照时代顺序，将先秦、两汉、魏晋南北朝、隋唐、宋代、明代、清代分为"朦胧的认识""政教笼罩下的艰难行进""文学自觉观念影响下的辐射""风雅传统的回归与发扬""理性观照下的吟咏""反传统思潮下的突破""集大成学术背景下的丰收期"七章。其结构系统、规整，又不乏个案研究中的诸多闪光点，不愧为一部花了长时间、下了大功夫的可喜之作，相信能给读者不少新的信息和启示。

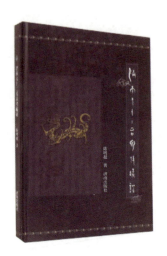

济南七十二名泉考疏证

陈明超　著

济南：济南出版社，2014

ISBN 978-7-5488-1260-9

　　王钟霖（1816—1896？），字雨生，山东历城人。经多年实地考察，著有《济南七十二名泉考》，书中不仅详细描述了晚清时期济南名泉的喷涌盛况，而且弥补了前人对济南名泉考证的许多缺憾。现有抄本传世。

　　本书则对王钟霖的《济南七十二名泉考》进行了全面的梳理、注释和考证，书中收录大量优美的泉水照片，同时绘制了泉水示意图，准确标注出了每一处泉水的具体位置。《济南七十二名泉考疏证》创新了注释考辨手段，作者陈明超通过深入实地踏访，拍摄了大量珍贵优美的泉水照片，在书中以"图释"的方式呈现给大家，内容丰富，使不同层次的读者都能产生身临其境的直观感受。

建筑的诗意

[英]约翰·罗斯金　著

王如月　译

济南：山东画报出版社，2014

ISBN 978-7-5474-0993-0

　　本书作者努力尝试阐释那些被忽视的原则：精神气质的一致性、优雅的基础和美感的本质。带领读者考察各国建筑如何受到它们气质和风俗的影响，建筑与周围景物的联系，以及处于什么样的天空之下。读者会看到街市和农舍，也会看到庙堂和高塔，更会关注那些被精神气质所支配的建筑，而不是被规则所约束和纠正的建筑。作者是英国知名的艺术史家及思想家，一生著作无数，其艺评、随笔与社会理论皆深远影响了维多利亚时期的思潮。其涉及建筑的主要代表作有《建筑的七盏明灯》《威尼斯的石头》《建筑的诗意》《建筑与绘画》等。

《金瓶梅》版本史

王汝梅　著

济南：齐鲁书社，2015

ISBN 978-7-5333-3408-6

　　《〈金瓶梅〉版本史》以《金瓶梅》实存的版本文献为依据，取代表该种版本版式特征的版面，收录的书影图片足以说明《金瓶梅》的版本特点。读者通过本书可以了解《金瓶梅》各种版本的面貌及其流变情况。每帧书影图片辅之以说明文字，客观地描述特征，加以分析论述之处，列述主要的不同观点。本书以学术普及为指归，使文献性与欣赏性、学术性相结合。全书中的近百幅精美的插图与珍贵版本书影，颇具古典版刻图书的韵味，将《金瓶梅》全景式地展现在读者面前，令读者眼界大开。

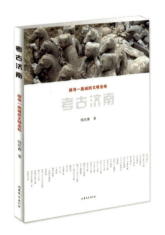

考古济南——探寻一座城的文明坐标

钱欢青　著

济南：山东文艺出版社，2015
ISBN 978-7-5329-4729-4

本书寻访四十多处考古遗迹，采访数十位考古专家，续写八千多年"地下济南"辉煌历史，是首部全面回溯济南考古的著作。本书拒绝迂腐的学究气，以通俗浅近的语言风格让读者洞见古代遗存之妙。全书共分四十一篇，以历史遗存所处时间为线索，每篇聚焦一处济南区域内具有重要意义的历史发现。本书涉及的历史遗迹，既有著名景点和博物馆，也有已成热闹商圈的鲜知古迹。作者通过对这些遗存的介绍，讲述有趣的历史故事，勾连一座城的文明坐标。

梁晓声文集·长篇小说
（20卷）

梁晓声　著

青岛：青岛出版社，2015

ISBN 978-7-5552-1319-2

　　梁晓声是中国当代文坛大家，是知青文学的集大成者。他著述勤勉，诸体兼擅，各种体裁皆有广为人知的代表作。他的作品题材广泛，思想深刻。《梁晓声文集·长篇小说》囊括了梁晓声创作的主要长篇小说作品，真诚而又爱憎分明地记述历史，深入剖析复杂多变的社会问题，其中渗透了社会历史的变迁、风俗人情的移易、人性心灵的内省，从不同角度、不同层面史诗式地描绘了时代的全景，是"史性与诗性的综合体"。

蔡志忠漫画彩版《论语》

蔡志忠　编绘

济南：山东人民出版社，2015

ISBN 978-7-209-09099-5

　　蔡志忠是享誉海内外的漫画大师，其作品有极大的社会影响力、文化影响力。本书在单色漫画《论语》的基础上进行填色，色彩艳丽，生动形象，更加符合当今读者的阅读审美情趣，是对原有蔡志忠漫画的再次升级改造。读者对象为中小学生及广大群众。本书以行云流水般的笔触完成了穿越时空之旅，和古代圣贤结成知己，进行心与心的倾听与问候，创造出世界漫画史上的奇迹，让读者在轻松的阅读中品味高雅，在历史的轮回中洞悉未来。

山东集邮史

山东省集邮协会　编

济南：黄河出版社，2014
ISBN 978-7-5460-0534-8

　　《山东集邮史》是一部反映山东 100 多年集邮活动的专业性通史志书，记录了自 1878 年烟台海关书信馆设立至 2010 年底，山东的集邮活动从无到有、不断发展的历史。全书内容包括：山东近代邮政的开办与集邮萌芽（1878—1911）、山东集邮的兴起与早期集邮活动（1912—1937）、抗日战争及抗战胜利后的集邮活动（1937—1949）、山东解放区邮票的收藏与传播（1940—1949）、新中国成立后的山东集邮（1949—1978）、集邮复苏的新时期（1978—1983）、蓬勃发展的山东集邮（1983—2010）等七章和附录组成。

山东民歌百首经典解析

张桂林、许琳琳、武凯　编著

济南：山东电子音像出版社，2015

ISBN 978-7-83012-089-4

　　民歌是劳动人民集体的口头诗歌创作，是民间文学中的一种形式。中国民歌内容浩如烟海，伴随着历史的变迁，在体裁、题材和形式等方面不断发展和完善，逐步形成了具有鲜明地域风格的音乐体系。山东民歌是一种古老的汉族民族音乐，具有质朴、淳厚、强悍、粗犷、诙谐和风趣等特点，往往以生活小调最为突出，表现出山东劳动人民朴实、憨厚的性情，以及与大自然作斗争的伟大气魄、坚强意志和英雄性格。通过对本书的品读，可以了解山东人民对美好生活的向往与追求，了解山东民歌的人文历史和创作背景，了解山东各个地区民歌的风格和特点，从而使更多的人关注山东民歌、了解山东民歌、热爱山东民歌，传承山东优秀的音乐文化。

山东明清进士通览（2卷）

刘廷銮、孙家兰　编著

济南：山东文艺出版社，2015

ISBN 978-7-5329-4196-4

　　本书为山东明清两代进士通览，包括洪武十八年（1385）乙丑科、洪武二十四年（1391）辛未科、永乐四年（1406）丙戌科、宣德二年（1427）丁未科等内容。全书系统梳理了山东明代、清代两朝进士的史料性简况，按照时间顺序记叙、整理了两朝进士的传略性事迹，整体体现了山东各科所取进士数量、甲第名次以及重要事迹。全书分为明代卷和清代卷，是检索明、清两代进士传略性史料的重要工具书。

世界历史上的重大失误

陈海宏　著

济南：山东人民出版社，2015
ISBN 978-7-209-08368-3

　　每一个帝国或大国，在历史上都曾经有过辉煌的时期，但是往往因为执行的某项政策的失误而导致帝国或政权走向衰落和灭亡，从历史舞台上消失。《世界历史上的重大失误》选取了 30 个题目，涵盖了自古至今世界史上的重大事件，通过丰富翔实的史料、诙谐幽默的语言、妙趣横生的故事和深刻的哲理，画龙点睛地指出失误的教训之处，供人们深思和借鉴。每一章后都有"启示"作为结尾。阅读本书，使读者对历史有更深刻的反思，在阅读后得到启发，避免重犯类似的错误。

万物的追问——来自哲学的邀请

［美］艾德·米勒、［美］容·延森　著

蓝江　译

济南：山东画报出版社，2014

ISBN 978-7-5474-0630-4

　　本书据作者原作第六版翻译，为学生介绍了最基本的、永恒的、最重要的哲学问题。两位作者通过对原始材料的阅读，加上写作清新的文字材料，让学生可以轻松理解这些问题。书中还有一些拓展性的教学程式，如连续的概括，能引起注意的文本框、传记、警句，还有一个哲学小词典。本书简洁易懂，即使没有任何哲学基础的读者也能在阅读中愉快地进入充满智慧的哲学殿堂。

形而下——中国古代器皿造型样式研究

高纪洋　著

济南：山东美术出版社，2014
ISBN 978-7-5330-5522-6

对中国古代器皿造型样式的研究是内容丰富、规模宏大的研究课题，书中需要进一步深入研究的问题较多，因此这本专著的出版远不是研究的结束，而是向读者展示了进行古代器皿造型研究的稳健的起式，以及蓄势待发的后劲。作者客观地分析了影响器物造型样式的多方面因素，如功能、政治、经济、技术、环境、宗教、生活方式、审美观念等，会在不同时间、不同地点对器皿造型样式产生作用。本书从整体上分析了影响器物造型样式的原因，进行了有理有据的综合分析，所得出的结论是客观和较全面的。

晏婴评传

战化军 著

济南：山东人民出版社，2015
ISBN 978-7-209-09208-1

晏婴是中国历史上杰出的政治家、思想家。作为古代贤相，他历来与管仲齐名，并称"管晏"。做明君之相，管仲是榜样；为庸君之臣，晏婴是典范。晏婴为政处事的品行如外圆内方、不卑不亢、清廉节俭、忠言力谏等，都是后代从者学习效法的楷模，但后世对晏婴的研究，大多都是单篇论文形式，缺少综合性研究，这与晏婴的历史地位是不相称的。

本书包括晏婴家世、姜齐季世、晏婴仕齐、晏婴的思想主张、晏婴的高尚人格、晏婴与《晏子春秋》、晏婴的历史地位及影响等七章，外加《事迹系年》，对晏婴进行了全方位研析。

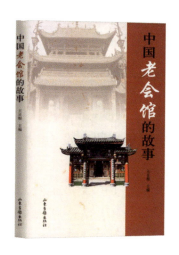

中国老会馆的故事

王日根　主编
济南：山东画报出版社，2014
ISBN 978-7-5474-1287-9

　　中国古代会馆是中国传统社会颇具特色又不可或缺的社会中间组织，全国各大城市过去都有不同数量的会馆，有的村庄现在也能找到会馆遗址，海外华人驻地也大多有会馆。会馆是旅居异地的同乡人在寄籍地所设"聚乡人联情谊"的组织机构，其馆舍主要供同乡寄寓或节庆聚会使用，每座会馆背后都有着动听的故事。

　　本书内容包括：北京绍兴会馆——鲁迅在北京的第一个家、北京潜山会馆——张恨水一举成名的福地、福州两广会馆——两广人对福州贡献的证物、重庆会馆——移民文化的熔炉、汀州会馆——汀州人走四方的据点等。

中华文明之旅（6册）

高奇等　编著

济南：山东大学出版社，2014

ISBN 978-7-5607-5064-4

　　该丛书共6册，内容包括民俗、艺术、文学、科技、哲学、政治6个方面，通俗易懂，生动有趣，图文并茂，体系完整。阅读该丛书，将有助于读者开阔视野，加深对中华文明的了解和认识；有助于优化知识结构，形成跨学科的贯通性思维，激发创造激情；也有助于培养博大的学术胸怀，树立积极向上的人生观，从而更好地适应新世纪对人才全面发展的要求。

中外文学交流史 中国—印度卷

郁龙余、刘朝华 著

济南：山东教育出版社，2015

ISBN 978-7-5328-8490-2

　　文学交流是文化交流的重要组成部分和高级形态。这种交流超越时空、肤色，超越宗教、信仰、政治，是古已有之、于今为烈的文化现象。在中外文学交流中，中印文学交流历史最悠久、成果最丰富、影响最深远。近代以前，成规模、有梯次和中国进行文学交流并对中国文学产生深远影响的，唯有印度文学。中印文学交流在世界文学交流上具有不可替代的示范地位。

　　研究中印文学和文化交流，对于深刻认识"天人合一"和"梵我一如"的含义和作用，对于增强文化自信，找回和提升文化自觉，对于建设文化大国，对于振兴东方文化、建设和谐世界都有着深远的意义。

作为方法的"民国"

李怡　著

济南：山东文艺出版社，2015

ISBN 978-7-5329-4902-1

　　本书为"民国历史文化与中国现代文学研究"丛书之一，该丛书是国内第一套从民国历史文化的角度重新梳理中国现代文学发展的丛书。在本书中，作者提出以中国的国家社会情态为基础，阐释现代中国文学发生发展的历史细节，为多年来争论不休的文学研究本土化、民族化等问题提供新的思路。

　　书中内容包括："国家历史情态"与文学史叙述、文学的"民国机制"、民国历史视野中的现代中国文学、民国文学研究的学术论衡、"民国历史情境"与知识社会学方法。

渤海宝藏

齐继光、丁剑玲　主编
青岛：中国海洋大学出版社，2014
ISBN 978-7-5670-0338-5

本书从渤海生物、渤海资源以及渤海考古成就等方面，对渤海宝藏进行了介绍。渤海生物篇介绍了植物、动物等；作为中国唯一的内海，渤海坐拥许多令人骄傲的海洋资源，因此渤海资源篇介绍了渤海化学资源、矿产资源、动力能源等；渤海考古篇介绍了辽宁绥中三道岗元代沉船和蓬莱沉船等，寿光双王城盐业遗址群、潍坊东周盐业遗址群等展示了渤海的盐业传奇，北庄遗址、蓬莱水城等古建筑遗址诉说着渤海沿岸的辉煌历史。图书内容翔实、图文并茂，可读性非常强，文字生动有趣，适于各年龄段读者阅读。

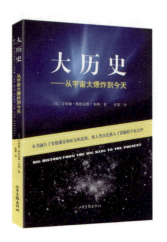

大历史——从宇宙大爆炸到今天

［美］辛西娅·斯托克斯·布朗　著

安蒙　译

济南：山东画报出版社，2014

ISBN 978-7-5474-0659-5

　　本书打破传统范式，将各个学科的知识交织融合，向读者讲述了最完备的地球历史，从宇宙的起源——一个原子大小的单点，直到今天几十亿人的生活。作者辛西娅·斯托克斯·布朗不仅描绘了世界的过去与现在，阐述了自然环境与历史发展的微妙关系，而且恰当地介绍了近年来生物、地质、环境、人类学等领域的研究成果。《大历史——从宇宙大爆炸到今天》最根本的主题是人类行为与地球之间的相互影响。它以简洁明白、通俗易懂的语言向读者呈现了从"大爆炸"到现在的宇宙历史。本书中，作者辛西娅·斯托克斯·布朗将多门人文学科的知识糅合在一起，力图呈现出一个线索连贯、行文通畅的故事。

中国航天科技创新

李成智　著

济南：山东教育出版社，2015
ISBN 978-7-5328-7835-2

　　本书较为全面地介绍和分析了中国航天技术创新的全过程，内容包括中国发展导弹与航天技术的决策过程、弹道导弹的系列化发展、运载火箭的研制与改进、人造卫星与探测器的研制与应用、载人航天工程的决策与措施，同时对中国航天技术发展过程中的科技创新进行了较为深入的案例分析与理论探讨。本书资料翔实、内容全面，科学性与可读性兼顾，适合具有大专以上文化程度的各层次读者和航天爱好者阅读。

儿童安全童话（10 册）

[韩] 崔银英等　著

[韩] 南宫善等　绘

李贵顺　译

济南：山东科学技术出版社，2014

ISBN 978-7-5331-7588-7 等 10 册

　　"儿童安全童话"丛书以科学全面地呵护孩子的健康与安全为理念，将经典童话的穿越改写与妙趣横生的原创精编完美结合，让孩子置身于奇妙的童话世界，零距离接触现实生活中存在的各种安全隐患。俏皮的笔触牢牢抓住孩子的眼球，专业的安全知识大大减轻父母的担忧。

　　10 册内容分别为：小心陌生的狐狸——日常生活安全、道尔家的安全小魔怪——家庭安全、黄万的学校鸡犬不宁——校园安全、匹诺曹独自出行——交通安全、敏俊的游乐历险记——游玩安全、炫屏里的小魔咒——电子网络产品安全、兄弟两个的食品战争——食品安全、奇幻王国的冒险——自然灾害安全、被人误会的"洁癖王"——卫生安全、害虫魔女和甜蜜公主——动植物安全。

风筝下的少年

张品成 著

济南：山东文艺出版社，2014
ISBN 978-7-5329-4591-7

　　韩顺风的父亲是国民党南京守军的一位旅长，1937 年 11 月日军进逼南京，父亲坚持不执行撤离，最终战死城楼。顺风和母亲躲进了金陵大学难民救济所。可是，母亲和其他难民一道被日军带走了。顺风为了寻找母亲，偷偷溜出难民救济所，见到了人间地狱。他从下水道逃生，被一群收尸人收留。在收尸队的日子里，顺风变得成熟起来，懂得了怎么去做个真正的中国人。

老游戏（5 册）

徐鲁　著

彭婷等　绘

济南：明天出版社，2015

ISBN 978-7-5332-7992-9 等 5 册

　　游戏是儿童的生活方式，儿童通过游戏进行文化交流。"老游戏"系列丛书，以绘本的形式呈现了游戏的趣味和神韵，将那些散落在民间、流传久远的传统游戏重新带回到孩子的生活当中。丰富多彩的游戏，既能带给孩子文学阅读的熏陶，使其获得身体和情感上的认同，亦能丰富孩子的童年生活，使其学玩一体，健康、快乐地成长。

　　内容包括：跳房子、纸风车、竖蜻蜓、走月亮、放风筝。

罗圈腿的小猎狗

曹文轩　著

芊祎　绘

济南：明天出版社，2014

ISBN 978-7-5332-7770-3

一条小猎狗，走在大街上，它为它的罗圈腿而感到害羞。

一条小猎狗，走在大街上，它为它的罗圈腿而感到骄傲。

由害羞到骄傲，这中间发生了什么故事？如何看待自己的先天缺陷？如何面对他人的不解和嘲笑？如何听从内心的声音，追求生命的激情绽放？罗圈腿的小猎狗为你讲述别样的励志故事。

这本书讲述了一只罗圈腿小猎狗的际遇及其生活态度，它被主人忽略，经常被同伴排挤，但它一直不放弃，认真地倾听内心的声音，不停地训练自己，最终凭着勇猛把一匹公狼战败。

我的身体我知道!

［法］戴尔芬·果达尔、

［法］娜塔莉·威尔 著

［法］斯提芬·尼古勒 绘

文睿 译

济南：山东科学技术出版社，2014

ISBN 978-7-5331-6831-5

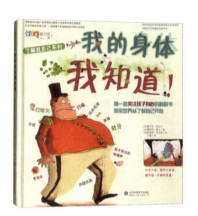

　　第一套关注孩子身心的翻翻书，我们身上为什么会长痣？我们为什么会长龋齿？为什么身上磕碰过后，皮肤会瘀青？为什么跑步的时候心跳会变快？为什么我们有时候会不停打嗝？……

　　本书会回答所有使我们感到疑惑并且时不时发生在我们身上的现象：打嗝、打哈欠、腿部发麻、手指冻僵、起黑眼圈、落枕……当然，还有产生鼻屎和放屁的原因！让你了解自己，爱护自己！

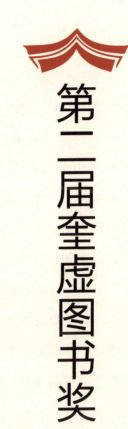

第二届奎虚图书奖

2017 年，第二届奎虚图书奖评选，汇集了全省 18 家出版社 2016 年度出版的 1180 余种初版图书，经组委会审核筛选出 50 种图书进入初选。经全省 17 地市图书馆推荐，结合网上读者投票，第二轮 36 种图书入围。专家评审委员会对入围书目进行审读，最终评选出 4 种优秀图书（其中，人文社科类 3 种、科普类 1 种，童书类空缺）、10 种推荐图书和 1 种特别奖图书。

第二届奎虚图书奖在奖项设置上有所创新。在保持优秀图书奖、推荐图书奖两个常规奖项的同时，又增设特别图书奖和优秀编辑奖。特别图书奖授予获奖图书的出版社，评选对象为改革开放以来出版的，在业界影响大，具有开创意义，且销量、口碑俱佳的图书。获得特别图书奖的出版社，优秀图书奖的作者及编辑均将获得奖励，以鼓励作者和编辑为出版精品付出的努力。

优秀奖作品

吃了吗

魏新　著

济南：山东美术出版社，2016
ISBN 978-7-5330-6092-3

专家荐语

　　这是一本有关吃的有趣的书。从寂寥小城到喧嚣都市，作者追随美食的踪迹，以生动有趣的文字、活灵活现的描述，似烹饪高手一般奉献给读者一席色香味俱佳的饕餮盛宴。食里乾坤，美食在这里早已幻化成一个个符号，被赋予了见证生命成长的意义。鱼的汤，冰的糕，煎的包，烤的串……有赞美，有留恋，有感念，有遗憾，有无穷回味，亦有慨然长叹。在对过往的抒写中，美食被镌刻上了作者对故乡的深深眷恋和绵绵情意，更承载了几代人舌尖上的集体记忆。

　　在作者的纵横恣意中，所有的美食都有了前世今生，它们或诞于名门世家，或出于寒窑草野，它们的消逝与繁荣无不烙着时代的印痕，在极富张力的语境中，慢慢体味美食在中华文明的历史长河中所扮演的角色，大俗大雅中有了文化的担当。

专家简介

　　许翠兰　《现代视听》执行主编，高级编辑。

花月令

蓝紫青灰　著

济南：山东文艺出版社，2016
ISBN 978-7-5329-5263-2

专家荐语

一花一叶，读懂传统中国

　　家中小院有两棵白玉兰，每到春天，满树银花，素面粉黛，仪态万方，像一只只洁白无瑕的风铃在无声吟唱。

　　我有幸读到了"植物学散文"《花月令》，对玉兰花的前世今生、历史文化、诸多妙用有了全新的认识。比如，屈原曾经收集过玉兰花瓣上的露水，取其清香高洁，当然，在那个时代，此花还叫"木兰"，直到明朝才有了"玉兰"的芳名；木兰花也是古代文人墨客的挚爱，唐宋词牌"木兰花""减字木兰花"直取其名，五代时的欧阳炯曾留下"同在木兰花下醉，日照玉楼花似锦"的佳句；玉兰树还是上好的木材，鲁班曾用其造过舟；更令我惊讶的是，玉兰花竟然可以吃，《花月令》说，"将花瓣拍粉拖蛋入锅油炸"，据说口味上佳。读罢该书，再看陪伴自己多年的玉兰，竟有点"不识庐山真面目"的感觉了。

　　《花月令》将植物学、历史学、文学等各学科聚焦到一年12个月的57种花上，细细讲述各月的缤纷花事，以及与之相关的中国传统文化。

作者堪称植物学界的文学高手、文学界的植物学专家。书中所述的每一种花，几乎都贯穿了整个中国文明史，读罢此书，脑洞大开，正如封面所语："一花一叶，读懂传统中国。"

作为一本书，《花月令》堪称高颜值。桃红色的封面系着藕荷色的"腰带"，书中精选中国古代绘画为插图，还有作者亲自拍的照片，以图证文，让读者更直观地感受那些逝去的风雅，体味中国传统文化的魅力。

专家简介

张新刚　山东广播电视台广播新闻频道总监，高级编辑。

台儿庄大战

林治波、赵国章　著

济南：山东人民出版社，2016

ISBN 978-7-209-09086-5

专家荐语

《台儿庄大战》既磅礴大气又细致入微，既回望历史又启迪未来，充满了正能量，充分体现出作者高尚的人格修为和"铁肩担道义"的社会责任感。这种为历史存正气、为世人弘美德、为自身留清名的创作追求值得我们敬仰！

作品按时间线索，对台儿庄战役的历史背景、抗战准备、抗战过程、战争影响等进行了全面、细致、深入的论述。书中附大量珍贵的历史图片，真实再现了战火纷飞的历史场景，融思想性、艺术性、史料性于一体，形成了"龙文百斛鼎，笔力可独扛"之势。

全书每个篇章的内容既相对独立又相互联系。"压倒一切的决定性因素就是爱国主义"这一主题贯穿始终。作品在追求宏大叙事的同时，还细致刻画了许多抗战人物，做到了既顶天立地也铺天盖地。尤其是对临阵脱逃的叛徒与临危受命的将领之间的对比描写，非常触动人的心怀，深有感染力，必能在读者中间传得开、记得住、留得下。

《台儿庄大战》这部作品，既让人缅怀血洒沙场的爱国将士，更唤起了读者的爱国情怀，坚定人们众志成城、团结奋进的信心。这部有筋骨、有道德、有温度的作品，彰显了信仰之美、崇高之美，培育了大众共同的情感和价值、共同的理想和精神，是一部难得的上乘之作。

专家简介

张泉　山东省书业商会会长，山东省书刊发行业协会副会长，山东世纪金榜科教文化股份有限公司董事长。

我们生活的地球（3 册）

[匈] 毛卡迪·玛丽安娜、

[匈] 陶劳奇科齐·阿提拉　编著

王勇、陈柏超　译

济南：山东科学技术出版社，2016

ISBN 978-7-5331-8264-9

ISBN 978-7-5331-8265-6

ISBN 978-7-5331-8266-3

专家荐语

　　你可能需要这样一本科普读物，它可以让你听见动物的叫声，让你看见植物真正的色彩，它是可以动的，可以放映精彩的视频，更有趣的，是在你的操纵下它可以展示事物的 3D 结构，从上往下、从里到外随你指挥，呈现出一个奇妙的世界。这套科普读物就是"我们生活的地球"丛书。

　　该套丛书主要讲述了地球上万物生灵随时间季节变化的秘密，地球上的奇观现象和生物间的联系，丰富多彩的动植物世界以及如何应对诸如城市交通拥堵、生活垃圾处理、空气污染、噪音和光污染等与我们的生活息息相关的问题。

　　该套丛书形式新颖，内容广泛，采用全媒体表现形式，极大地丰富和完善了科学传播载体。丛书包含一百多个 3D 模型、近百个小视频、数十个音频和电子图片，适合各个年龄段读者的不同需求。

专家简介

　　周世文　山东省科协原秘书长，研究员。

特别奖作品

老照片

冯克力　主编

济南：山东画报出版社，1996 年至今

山东画报出版社《老照片》介绍

1996 年,《老照片》一经面世，便以别开生面的图书样式、回望历史的新颖视角受到读者的欢迎，曾经创下每辑发行 30 余万册的销售业绩，引起了风靡全国的"老照片文化热"。《老照片》已收录来自各领域的老照片 1.4 万余张，照片故事 1 万余个，文字 1300 多万字，发行 700 余万册，码洋超亿元，开启了中国出版业的"读图时代"。

专家荐语

20 年来,《老照片》一直以素雅质朴的样子吸引着、陪伴着喜爱你的读者，始终保持着"洁净而有自尊"的性格，以普通人的视角记录过往，呈现记忆，解读历史，是"全体国民的私人照片簿"，每个人都会从中找到属于自己的时代印记与家国情怀。

专家简介

王玉梅　山东省图书馆副馆长，研究馆员。

推荐奖作品

案卷里的青岛

刘宗伟　著

青岛：青岛出版社，2016
ISBN 978-7-5552-3824-9

专家荐语

　　《案卷里的青岛》一书试图以新闻写作的方式，通过对青岛历史上重大的档案事件的爬罗剔抉、对档案历史碎片的挖掘剖析，呈现人物事件背后的生动细节，还原历史上青岛的兴衰与荣辱，精彩纷呈，颇值一读！

专家简介

　　刘玉湘　淄博市图书馆馆长，研究馆员。

花草字传（5 册）

张一清　著

济南：山东友谊出版社，2016
ISBN 978-7-5516-1067-4
ISBN 978-7-5516-1068-1
ISBN 978-7-5516-1069-8
ISBN 978-7-5516-1070-4
ISBN 978-7-5516-1071-1

第二届奎虚图书奖

专家荐语

　　这是一套既美且惑的书。5 本小册子，75 个花草字，有文字，有声音，有图画，还可以装进背包，走到哪儿带到哪儿，想什么时间看就什么时间看，想什么时间听就什么时间听，美美间就长了见识增了学问，自然之美瞬间绽放，或"萌芽开花"，或"满目青翠"，或"万紫千红"，或"硕果累累"，或"四季群英"。中华文化源远流长、群星璀璨，而中国汉字无疑是其中最亮的那颗，传承数千年，内涵丰富，意蕴深厚。而作者独钟大千世界的花草树木，追根溯源，娓娓道来。从音从型从意，来自何方，去往何处，既有植物学的常识普及，更有文人墨客的抒情达意。"落红不是无情物"，花草树木，在作者的引经据典中灵动起来、温暖起来，并有了自己独有的气质与风采，汉字之美由是彰显。

专家简介

　　许翠兰　《现代视听》执行主编，高级编辑。

民国底色：国民党与帮会的恩恩怨怨

刘平、李国庆　著

济南：山东画报出版社，2016

ISBN 978-7-5474-1804-8

专家荐语

民国的底色是什么色？该书详尽介绍了民国与具有悠久历史的帮会之间的恩恩怨怨，反映了民国政治生态的复杂性和多样性。从某种意义说，读懂了此书，就读懂了民国社会。

专家简介

刘玉湘　淄博市图书馆馆长，研究馆员。

齐鲁名医谱

尹常健　主编

济南：济南出版社，2016

ISBN 978-7-5488-2051-2

专家荐语

　　本书系"山东省名中医药专家学术经验传承"课题的重要学术成果之一，旨在对山东省先后两次当选的名中医药专家和第四批全国名老中医药专家的学术思想、独特技能、名医学术风采进行梳理和彰显。其中收录的名中医药专家包括"国医大师"2 位、"山东省有突出贡献的名老中医药专家"10 位、"山东名老中医"10 位。本书既是弘扬传承中华民族优秀传统文化思想的重要大众读物，也是广大干部群众了解学习中国医学核心思维与诊病治病防病典型案例的工具书。

专家简介

　　王志东　山东社会科学院副院长，研究员。

诗经弦歌——音乐文化遗产研究

林琳、张蛰鸣　著

济南：山东人民出版社，2016

ISBN 978-7-209-08729-2

专家荐语

本书是一部以中国音乐文化遗产为主题的《诗经》研究专著，以我国现存的《诗经》音乐文化文献为经，以张氏《诗经》的传谱系统为纬，对《诗经》弦歌谱的原理、乐理、谱系、唱法、渊源、承传等情况进行了深入的分析、展示和探究，极大地丰富和拓展了中国古典文学和古代音乐研究的学科领域，对当前如何开发《诗经》弦歌音乐非物质文化遗产提出了一些建设性的设想和建议，是具有较高学术价值和中国优秀传统文化艺术传承实践价值的研究成果。

专家简介

王志东　山东社会科学院副院长，研究员。

地球美姿——地貌

高善坤、魏嘉、刘善军　主编
济南：山东科学技术出版社，2016
ISBN 978-7-5331-8354-7

专家荐语

大地之容——我们的地球母亲长什么样？

人类世代在地球上繁衍生息。那么你知道我们栖息的这颗蓝色星球的容貌吗？同样一颗星球，有的地方貌美如花、温柔似水，有的地方却狰狞恐怖、暗藏杀机，为什么同一个身体有着如此差别巨大的面容？它们有哪些不为人知的秘密？《地球美资——地貌》送你解读地球容貌的密码。

本书广引博采国内外地学发现和研究成果，描述了地球绚丽多彩、千姿百态的容貌，向你展现了壮丽高耸的崇山峻岭、幽静深邃的峡谷、开阔无垠的平原、无边无际的海洋……对世界、中国和山东的典型地貌进行了系统介绍、对各类地貌鬼斧神工的成因作了细致生动的分析、解读。全书图文并茂、通俗易懂，科学性、知识性和趣味性相统一。

专家简介

丁莉　山东出版传媒股份有限公司出版业务部主任，编审。

座头鲸的双面生活

郑炜　著

济南：明天出版社，2016
ISBN 978-7-5332-8774-0

专家荐语

科学什么味儿？尝尝才知道

加州王蛇为何吞噬自己的尾巴？土拨鼠怎样预报天气？动物世界里也有女儿国吗？你见过粪球上的糖果屋吗？哪种鱼能在海滩上散步？牛背上为什么总是站着一只鸟？这些看似简单的问题，你都知道答案吗？

这些动物行为背后其实隐藏了许多神奇的秘密，许多我们意想不到的现象背后都有着有趣的科学知识。这本少儿科普读物《座头鲸的双面生活》是"大嚼科学"丛书动物卷，作者用生动形象、诙谐幽默的语言讲述有趣的动物故事，带领读者探索动物世界的奥秘，让孩子在惊讶、赞叹、沉思、恍然大悟中学到曼妙的科学知识，收获阅读的快乐。

科学什么味儿？尝尝才知道。让我们跟随果壳科学达人们生动幽默、妙趣横生的文字，去揭开动物世界的奥秘，一起来大嚼科学吧！

专家简介

丁莉　山东出版传媒股份有限公司出版业务部主任，编审。

我的创意手工书

［西］安娜·利莫斯·普罗梅尔、

［西］克里斯蒂娜·克雷歇尔　著

［西］Nos & Soto 工作室　摄

张雪玲、易映景　译

济南：山东科学技术出版社，2016

ISBN 978-7-5331-7959-5

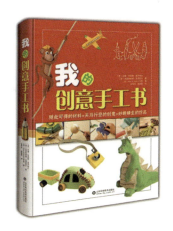

专家荐语

　　《我的创意手工书》是一本绝佳的亲子阅读书。它教给家长如何利用家里的废弃物品跟孩子一起做各种各样令人惊叹的漂亮作品，既能激发孩子的想象力与创造力，也会帮助父母和孩子在陪伴、合作过程中建立更亲密融洽的关系。

专家简介

　　王伟　山东艺术学院教授，文艺学博士。

越玩越不疼

［意］艾玛努埃拉·娜娃　文

［意］奇雅拉·卡莱尔　图

罗楚燕　译

济南：明天出版社，2016

ISBN 978-7-5332-8724-5

专家荐语

　　小孩子在成长过程中总要遭遇些小病小痛，他们会难受会发蔫会哭闹……《越玩越不疼》这本书启发孩子们发挥想象力，用游戏与幽默的态度对待生病的痛苦。越玩越开心，就会越不疼，越健康！

专家简介

　　王伟　山东艺术学院教授，文艺学博士。

中国故事（3册）

孙丹林　著

济南：山东美术出版社，2016
ISBN 978-7-5330-5900-2
ISBN 978-7-5330-6002-2
ISBN 978-7-5330-6003-9

专家荐语

　　怎样引导十多岁的儿童了解中华民族丰富灿烂的传统文化？那就从读三本有趣的"中国故事"开始吧！《妙品汉字》用轻松活泼的语言让孩子们在快乐阅读中领略汉字的结构之妙、音韵之美以及蕴含的民族文化精神。《诗词的故事》通过讲述中国历代诗人轶事，带领孩子们进入中国古诗词或雄浑或优美或空灵的意境，体验古人或豪迈或沉郁或飘逸的情怀。《趣谈楹联》中的故事最是诙谐幽默，会让孩子们在开怀大笑中见识中国传统民俗文化的一大瑰宝——楹联，兴味盎然地领悟中华文化的妙趣之维。

专家简介

　　王伟　山东艺术学院教授，文艺学博士。

第三届奎虚图书奖

第三届奎虚图书奖评选于 2019 年 1 月启动，共汇集省内出版社 2017～2018 年度出版的图书 2600 余种，经组委会筛选，90 种图书进入初评。经过 11 家省/市公共图书馆推荐、出版社自荐、大众投票等环节，确定入围图书 67 种，其中人文社科类 47 种、科普类 11 种、少儿类 9 种。本次评选活动，有 10 家地市图书馆投票参与推荐，13 家出版社自荐，线上线下同步进行。微信公众号投票人数为 5 万余人，票数 17 万余张；网站投票为 5000 余人次，其中首次出现海外 6 个国家和地区投票，票数达 1.1 万余张。经过 10 家地市图书馆推荐、微信、网站线上评选投票活动、组织专家审读书目、专家评审委员会终评等环节，综合网上图书投票、地市图书馆推荐、出版社自荐等因素，评选出 2017～2018 年度鲁版佳作 39 种（其中优秀奖图书 10 种，推荐奖图书 29 种，特别奖图书空缺）。

优秀奖作品

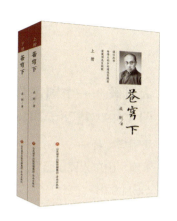

苍穹下（上下册）

成刚　著

济南：济南出版社，2018

ISBN 978-7-5488-3443-4

专家荐语

　　斑驳疏离的树影下，几个短发花衣花裤的小女孩，或坐或站，在认真地写生，阳光打在她们美好的脸庞上，安逸、文化的气息在这个灰砖白墙、干净整洁的院落里弥漫荡漾——这是一幅拍摄于 20 世纪 30 年代山东邹平乡村的老照片，也是有着"中国最后的儒家"之称的大思想家梁漱溟的理想国：民主自由，团结互助，经济繁荣，文化兴盛，秩序井然。80多年前，他携妻带子，与一批志同道合之士扎根邹平乡村，呕心沥血，用7 年的时间来实践他复兴中华文化、建设美丽中国的宏大构想。作家成刚以此为背景，以史实为骨架，结合当地流传的有关梁漱溟和乡村建设的种种逸事，全景式再现了 20 世纪 30 年代发生在中国大地上的波澜壮阔的乡村建设运动。在国家乡村振兴战略方兴未艾的当下，先贤们的伟大探索无疑会从理论和实践层面给我们带来诸多重要的启发和借鉴。

专家简介

　　许翠兰　《现代视听》执行主编，高级编辑。

大风歌——中国民营经济四十年（1978—2018）

唐明华　著

济南：山东人民出版社，2018

ISBN 978-7-209-09574-7

专家荐语

唯一一部全景式展现改革开放 40 周年中国民营经济成长历程的文学作品，填补了关于中国民营经济宏观叙事的文学空白。作品以细腻的笔触和宏大的气魄，全面梳理了改革开放以来中国民营经济崛起的历史脉络，生动还原了诸多鲜为人知甚至是从未披露过的历史细节，真实再现了一系列代表性事件中的代表性人物及其闪光个性和传奇故事，把中国民营企业的发展、中国民营企业家的命运和中华民族伟大复兴的历史进程紧紧地联系在一起，旗帜鲜明地为民营经济叫好，为民营经济鼓与呼。本书不仅具有很强的文学性和可读性，也具有珍贵的史料价值和思想价值。

专家简介

陈文东　山东省作家协会副主席。

冯骥才艺术谈

冯骥才　著

青岛：青岛出版社，2017
ISBN 978-7-5552-5027-2

专家荐语

著名作家冯骥才不仅在小说创作方面取得了巨大的成就，而且在绘画和民间文化研究方面也有着显著的成绩。《冯骥才艺术谈》一书收录了其关于绘画、雕塑、书法、音乐等艺术形式的散文随笔和思辨文字，表现了当代文人的艺术追求和审美情趣，这对我们全面地理解小说家冯骥才提供了一个新的艺术视角。

专家简介

李宗刚　《山东师范大学学报（人文社会科学版）》主编，山东师范大学文学院教授，博士生导师。

记忆山东（9册）

刁仕军　总主编

济南：山东人民出版社，2017

ISBN 978-7-209-11257-4

专家荐语

认同与共识，源自共同的记忆

——《记忆山东》读后

认同与共识，来自我们有相同的文化基因和历史记忆。山东历史文化是生于兹、长于兹的我们知所来、识所在、明所往的智慧之泉，是构建文化自信、凝聚精神共识的动力之源，需要我们世代传承守护。《记忆山东》是保存、传承全体山东人共同历史记忆的最新成果，是山东文史专家"存史、资政"，赓续齐鲁文脉的集体奉献。

翻开这部史作，呈现在面前的是与以往史志类典籍迥然不同的编撰体例与叙事风格，专题设置突显编者的匠心独运。全书以地域、山川、河流和交通动脉为地理坐标，打破现有行政区域划分，以区域文化片区和文化带为探究对象，以受自然因素和历史原因影响而形成具有鲜明个性的胶东文化片区、沂蒙文化片区以及沿胶济津浦铁路、大运河、黄河、小清河、齐长城和沿海疆文化带等作为特色专题，进行了解读。书中既有总体特征的素描，又有个性差异的细绘，探讨了各种特色文化形成的过程和原因，从中寻求区域文化发展规律，用九大专题串联起整个山东历史文化。你既可整部览阅，亦可择一深读，不会让你有"盲人摸象"之感。而"记忆"这种特别的叙事风格和表述方式使全书更显平实通俗，增添了许多乐趣。

如果你是喜欢山东、想了解山东的人，就打开《记忆山东》吧；如果你是山东人，想拥有、厚植、筑牢对乡土历史文化的记忆，了解我们是谁、我们从哪里来，就选择《记忆山东》游目驰怀吧！

专家简介

王玉梅　山东省图书馆党委委员、副馆长。

山东藏书家史略（增订本）

王绍曾、沙嘉孙　著

济南：齐鲁书社，2017

ISBN 978-7-5333-3492-5

专家荐语

　　承继文脉，书香天下，仰赖藏书家世代搜求，坚守传递，文明薪火遂照亮我们的历史和未来。齐鲁自孔子整理六经开私家藏书之风，名刻善本，汗牛充栋，大师学者，代不乏人。《山东藏书家史略》为学术名师数十年呕心沥血之作，发隐探微，溯源穷流，首次系统考订梳理了山东宏大的藏书文化脉络，确立了齐鲁藏书与江浙鼎足而立的历史地位，意义重大。同时，资料丰赡，学风严谨，是不可多得的地方学术史，"藏书过于积产，爱书甚于爱财"的山东藏书家鲜明个性跃然纸上，畅然可读。

专家简介

　　李西宁　山东省图书馆党委副书记，副馆长。

中国酒史（插图版）

王赛时　著

济南：山东画报出版社，2018

ISBN 978-7-5474-2593-0

专家荐语

君子有酒，旨且多

—— 读王赛时《中国酒史》

　　《中国酒史》横跨历史与酿酒两个学科，是近些年颇具学术深度的一部中国酿酒历史研究专著。该书上起史前，下至晚清，绵延五千年，探究中国酒史的来龙去脉，细述酿酒技术、饮酒习俗、饮酒风尚、酒令游戏、酒业政策、中外交流等酒文化精粹，展示中国酒文化的丰厚内容，还原中国酒的历史风貌。

　　作者注重对历史文献、考古资料的发掘与考证，充分钩稽引证古代诗文，搜罗300余幅与酒有关的历史图片，包括历代绘画、画像石、画像砖、壁画、雕塑以及各类历史图案中的精彩画面，还包括各类酒器酒具、酒文物、酿酒古遗址等实物照片，弥足珍贵。

　　该书囊括中华民族五千多年酒文化之精粹，其之于中国酒的发展历史以及中国人饮酒生活文化内核的梳理探究，对于中华文明成果的回顾与发掘以及当代中国酿酒产业的发展都具有重要意义。

专家简介

　　郭思克　山东博物馆常务副馆长，文博二级研究馆员。

中国文化四季（16册）

马新　主编

济南：山东大学出版社，2017

ISBN 978-7-5607-5738-4

ISBN 978-7-5607-5731-5

ISBN 978-7-5607-5732-2 等

专家荐语

作为"山东省中华优秀传统文化传承发展工程"重点项目的"中国文化四季"，详细解读了中华民族从遥远的旧石器时代到宋元明清传统文化的源远流长、博大精深，包括筚路蓝缕的春耕、勤勤恳恳的夏耘、金色灿然的收获、条理升华的冬藏。该丛书图文并茂、通俗易懂，以中华优秀传统文化传承为总领，体现5000多年文明进展中最具有代表性的精华篇章。正如鲁迅先生所说："越是民族的，越是世界的。"

专家简介

姜宝良　山东大学图书馆原副馆长。

中国时刻：40 年 400 个
难忘的瞬间（2 册）

陈晓明　主编

济南：山东画报出版社，2018

ISBN 978-7-5474-2952-5

ISBN 978-7-5474-2955-6

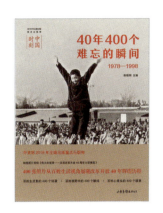

专家荐语

陈晓明教授主编的《中国时刻：40 年 400 个难忘的瞬间》一书，包含 1978—1998、1999—2018 两册，通过 400 幅不同人群的生活瞬间留下的"老照片"，把中国改革开放 40 年的辉煌和"点点滴滴"有机地融汇在一起，形象地展现了每个中国人作为生命个体汇入这个历史的创造过程，显示了改革开放 40 年所取得的伟大成就，为中国改革开放 40 年留下了一份真切的记忆，堪称中国改革开放 40 周年纪念的典范之作。

专家简介

李宗刚　《山东师范大学学报（人文社会科学版）》主编，山东师范大学文学院教授，博士生导师。

再现世界历史（90 册）

毛敏等　编著

济南：山东科学技术出版社，2017

ISBN 978-7-5331-8815-3

ISBN 978-7-5331-8814-6

ISBN 978-7-5331-8813-9 等

专家荐语

两岸携手智慧打造，百名专家十年巨献，全面翔实、生动形象地再现世界历史的辉煌画卷。

"再现世界历史"丛书引自台湾，囊括 90 册精美图书，每册都精选一个历史题材，向读者展示历史事件的谜底，真正让历史"活起来"。

"再现世界历史"丛书让读者徜徉于世界历史的浩瀚海洋，了解人类思想的进步、文化的传承、科技的发展、艺术的沉淀、社会的发展。

专家简介

张凤莲　山东社会科学院科研处处长，山东省齐鲁文化英才。

中国非物质文化遗产图画书大系（6册）

保冬妮　文；刘江萍等　图

济南：明天出版社，2018

ISBN 978-7-5332-9553-0

ISBN 978-7-5332-9555-4

ISBN 978-7-5332-9559-2

ISBN 978-7-5332-9880-7

ISBN 978-7-5332-9556-1

ISBN 978-7-5332-9554-7

专家荐语

翻开中国非物质文化遗产图画书系列——《游园》《蓝花坊》《虎头帽》《小小虎头鞋》《影子爷爷》《放风筝》，就打开了一个中国古典美的世界，既有初发芙蓉之清雅，也有错彩镂金之繁丽。每册绘本各有特色，有的以中国画的笔墨意趣见长，浓淡相宜，意境深远，有的以传统民间美术风格为主，造型朴拙，色彩绚烂，再加之所配文字，生动有趣地介绍了昆曲、蜡染、剪纸、风筝、虎头帽、皮影戏等各类中国非物质文化遗产，使此系列当之无愧地成为对中华文化进行认知启蒙和审美启蒙的经典儿童读物。

专家简介

王伟　山东艺术学院教授，文艺学博士。

推荐奖作品

春天住在我的村庄

厉彦林　著

济南：山东教育出版社，2018
ISBN 978-7-5701-0195-5

　　本书收录了作者厉彦林近年来创作并公开发表的散文精品力作，共60余篇，共分"乡情凝重永恒""亲情刻骨铭心""真情深邃高尚"三部分，散文作品以讴歌故乡沂蒙和亲情为主，曾荣获冰心散文奖单篇作品奖、冰心散文奖作品集奖各一次，吴伯箫散文大赛一等奖等。"春天住在我的村庄"既是全书精当、简练、画龙点睛的引子；同时，从一定意义上说，又大致能够概括这部散文集的风格。作家笔下流淌着对家乡热土的依恋，对父老乡亲的大爱。这些有根的文字，不仅能使读者受到文学的熏陶，而且能带领读者找回久违了的乡土家国情怀。这些以描写乡情生活为主体的散文作品，表达了作者对家乡的深情。

吃鲜儿 董克平饮馔笔记

董克平　著

青岛：青岛出版社，2017
ISBN 978-7-5552-5837-7

本书收录了作者的近50篇饮食随笔，说说食材说说菜，找找渊源寻点典故，美食之外，还有一些为人处世的道理。全书由吃鲜儿、行走的筷子、食里乾坤、有感而发四部分构成。书中没有华丽的文字，读起来就像老朋友间唠嗑那样平实而接地气，字里行间里干货多多。品读本书，扑面而来的是一股浓浓的人间烟火气，或口水直流，或感同身受，或恍然大悟，或心心相戚，无论哪般滋味，都是一盘诱惑舌尖的好菜，让人难以忘怀。

风雅济南：济南文学地图

钱欢青、徐征　主编

济南：山东文艺出版社，2017

ISBN 978-7-5329-5454-4

　　济南的文品风流都在济南街巷、山水、楼阁的风致中，走到一处寻常街巷，也许胡适曾经在这里寻访，途经一眼泉水，也许李清照曾经在这里惊起一滩鸥鹭。

　　本书以文学地图的方式将济南以往文学大家的文学佳话予以集中呈现，用新锐视角重新品读济南城。这些大家，既包括济南人熟知的地道济南籍文豪李清照、辛弃疾，也有客居于此的现代学者老舍、季羡林，既有来此游历留下千古佳句的杜甫、李白，又有来演讲以传播文明和思想的胡适、沈从文乃至泰戈尔。或探寻大师们的故里，或追忆他们的游踪和笔墨，或感念其时的人生际遇，或再现其令人兴奋的活动现场。

高山仰止——邓小平与现代中国（2卷）

薛庆超 著

济南：山东人民出版社，2017

ISBN 978-7-209-10078-6

这是一部全面研究和详细记述邓小平政治、革命、建设、改革生涯的著作，对邓小平1904年至1997年跌宕起伏的一生以及现代中国惊险崎岖的历程进行了全景式的描述，也是一部真实反映党史、国史、军史的鸿篇巨制。

作者运用丰富的档案资料、各类文献、口述资料及各类研究成果，全方位描述邓小平与现代中国密不可分、息息相关的历史命运，真实再现现代中国重大历史事件与历史决策，回应人们关注的热点、难点、焦点问题和有争议的问题。在叙述过程中，作者又以学者的素养，对重大事件和重大历史进程进行了深入的分析与评论，解读现代中国发展的历史必然性及重大历史事件、重大举措的利弊得失。

古人原来是这样吃饭的！

许晖　著

青岛：青岛出版社，2018

ISBN 978-7-5552-6743-0

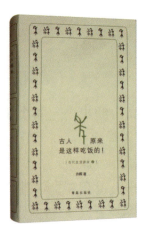

　　《古人原来是这样吃饭的！》是作家许晖继"古代生活读本"系列第一辑《古人原来是这样说话的！》之后创作的第二辑。

　　本书主要讲述古人如何吃饭、如何称呼古代的作物、古代的作物有何历史等内容，告诉我们古人是怎样造出与饮、食相关的汉字，又是如何制定饮、食诸礼仪的。在本书中，作者独辟蹊径，带你"窥视"古人的日常生活，融汇历史、语言、民俗、文学，从细节入手，寻根究底，顺藤摸瓜，抛弃百科全书式之成分，抛弃眉头紧皱之学究气，一切只为好读、有趣、有见识。

老唱片（1~4辑）

孔培培、张刚　主编

济南：山东文艺出版社，2018

ISBN 978-7-5329-5547-3

　　本丛书以现存的珍贵老唱片为主线，挖掘整理老唱片的原始资料，并述及大量名家人物访谈或其遗属、子女回忆录。在内容上，考虑到老唱片本身的丰富内涵和为老唱片作史的学术冲动，按照"特稿""史海留珍""重温经典""世纪收藏""旧文辑要"五大板块的思路进行组稿。每个板块由若干篇专文组成，每篇以唱片为核心，以人物、事件为主线，于社会、历史、思潮、艺术的大关节处着眼，从具体的人物、事件、背后的故事入手，前后关照，纵横开阖，深入浅出，图文并茂，为读者解读唱片背后的文化思潮与社会政治生活。

老舍与济南（增订本）

李耀曦、周长风　编著

济南：济南出版社，2018

ISBN 978-7-5488-2480-0

　　出生于北京、成长于旗人文化圈的老舍，从小受到传统文化的熏陶，从国外回来后不久即来到济南，而济南的历史文化底蕴给了他认同感和归属感。老舍热爱济南，不吝笔墨，为济南写下了大量文字，济南也深深地影响了他的写作生涯，在这里的生活是他生命中平实又耐人寻味的片段。老舍阅历丰富，到过世界上很多地方，他对居住过的纽约、伦敦、新加坡、重庆、汉口等很少直接描写，对济南却情有独钟，反复提及。这些文字，是《老舍与济南》成书的依据。本书所选皆为老舍与济南相关的文字，既有老舍抒写济南的优美篇什，也有其亲友的回忆和专家的研究文章。

路大荒传

路方红 著

济南：齐鲁书社，2017

ISBN 978-7-5333-3690-5

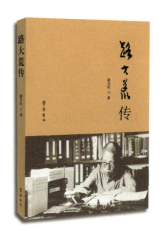

　　本书是著名文史专家、蒲松龄研究专家路大荒先生的传记。本书作者路方红广泛搜集与路大荒、蒲松龄和《聊斋》相关的书稿文献，经数年时间艰辛努力，叙写了爷爷路大荒的传奇一生。《路大荒传》分为少年篇、青年篇、壮年篇、暮年篇、交友篇，全面反映了路大荒先生投身蒲松龄研究和山东省文物保护的光辉一生。书中首次披露了一些珍贵的资料，如王献唐先生的信札、路大荒先生的手稿、蒲松龄故居的老照片等，为研究路大荒先生提供了一份翔实的档案，填补了学界的空白。

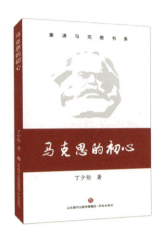

马克思的初心

丁少伦 著

济南：济南出版社，2018
ISBN 978-7-5488-3172-3

本书对马克思理论形象所提出的三个问题进行了解答。首先，马克思是一个人道主义者？诚然，青年马克思的确继承了古典人本主义的思想传统，但他正是在对形形色色的人本主义和人道主义的批判中确立了自己科学的世界观和方法论。其次，马克思是一个批判主义者？的确，青年马克思从一开始就对宗教、国家、意识形态和市民社会直至古典政治经济学进行了无情的批判，但他批判的初衷是为了实现人的政治解放和人的有效解放。再次，马克思是一个科学主义者？表面上看，马克思的政治经济学批判是一个冷冰冰的庞大的科学体系，但是，马克思是在对古典政治经济学的冷静思考中，为实现一个新的更加公平和自由的社会奠定科学基础。

山东古街古巷

郭晓琳、董珂　主编

济南：山东友谊出版社，2018

ISBN 978-7-5516-1744-4

　　山东的历史悠久，文化底蕴深厚。一些富有地方特色的传统街巷更能够强烈地反映出当地的历史文化和风土民俗，它们经过文化底蕴的积累和传承，已成为人们认知历史、了解传统的重要文化资源。正因如此，古街古巷的地域性特色及风格差异成为人们讨论的热点，并发展成为吸引各地游客的旅游资源，这不仅带动了山东经济的发展，也促进了山东民居建筑文化的进步。

　　本书通过寻找、挖掘、记录那些渐渐或已经离我们远去的地名，让古街古巷留在文字里，藏在记忆中。也许，百年后，或是千年后，这些被记录下的城市记忆将成为绵长历史中的一个个路标，让我们的后人借此找到回家的路。

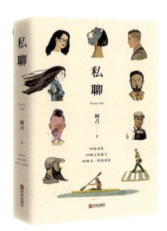

私聊

阿占　著

青岛：青岛出版社，2018
ISBN 978-7-5552-6235-0

本书包括"旅人""匠人""候人""畸人"四章，收录了《东北人老程》《我不过是手艺人》《风干的渔把式》等文章。

99个人物，99张面孔，99幅人性速写，99种不一样的活法。他们来自四面八方不同的城市，又被安放在"旅人""匠人""候人""畸人"四章里。作者在十几年的时间里从上千个人物中把他们筛选出来，并通过多次现场采访、口述实录、微信私聊等方式，捕捉他们生活的现场感，感知那些毛细血管一样的细枝末节，以小人物的不同活法拓宽现实维度和文学质地。

为政以德——齐鲁文化与
中国政治建设

彭耀光　著

济南：山东人民出版社，2017
ISBN 978-7-209-10715-0

《为政以德——齐鲁文化与中国政治建设》论述了齐鲁文化与中国政治建设的关系。齐鲁文化特别是儒家文化，是一套以"内圣外王"为基本架构的思想系统。齐鲁文化以实现世界和谐有序为最高政治理想，而实现此理想的关键是重视人民的力量和赢得人民的支持，因此当政者要以修身为本，推行礼乐教化。齐鲁文化在长期发展过程中形成了内圣外王相贯通的思想系统，其中所包含的民本思想、仁政学说、礼法合治、修身为本、尊贤尚功、革故鼎新、协和万邦等政治思想、政治智慧和政治治理措施，影响了中国几千年，对当前我国政治建设仍具有重要的现实意义。

天下为公——齐鲁文化与中国社会理想

任者春　著

济南：山东人民出版社，2017
ISBN 978-7-209-10716-7

　　《天下为公——齐鲁文化与中国社会理想》遵循古为今用的原则，旨在为当前构建和谐社会提供历史经验借鉴。社会建设要秉持贵民、公正等基本理念，以保障民生为主线和重点，以德主刑辅为基本方式，本着因俗而治的原则搞好基层建设，实行博施济众的慈善救助政策，并把齐家作为社会建设的重要基点。

以文化人——齐鲁文化与中国人文智慧

刘怀荣、魏学宝、李伟　著

济南：山东人民出版社，2017

ISBN 978-7-209-10717-4

　　《以文化人——齐鲁文化与中国人文智慧》立足中华文明早期特点，以从上古宗族制度到鲁国儒家文化、从上占巫术信仰体系到齐国仙道文化的发展为两条主线，集中探讨了齐国举贤尚功、富国强兵、经济文化并重的方略与鲁国宗周重礼、立德修身的思想，并对齐地仙道文化思想和实践的源流以及齐鲁文化对中国文学经典的影响等进行了分析。全书以鉴古知今的思路，重点从国家治理、士人修身等层面揭示了齐鲁文化所体现的人文智慧，在树立文化自信方面具有独特价值和意义，对当代中国和世界的发展具有重要的启示作用。

　　说明："齐鲁文化与当代中国丛书"共 5 册，本次获奖图书为其中的 3 册，即《为政以德——齐鲁文化与中国政治建设》《天下为公——齐鲁文化与中国社会理想》《以文化人——齐鲁文化与中国人文智慧》。

向泥土敬礼

耿立 著

济南：山东友谊出版社，2017

ISBN 978-7-5516-1578-5

　　本书集结著名作家耿立先生近年来的27篇历史、乡土文化散文而成。

　　在作者的笔下，多的是故乡的意象，以故乡的泥土、河流、庄稼、人物切入，表达自己的情感经验、人生历程和价值取向，仿佛一种精神脐带的牵扯。同时，作者也写了一些如泥土里的花朵一样的人物，如张自忠、赵登禹、义士哑孩等。当敌寇入侵，我们失去了土，但这些不屈的魂灵想恢复的也是土，土本来是我们的，却沦于了敌手，于是就有了血肉长城，于是就有了这些慷慨赴死者。生于这片土地，为这片土地而死于这片土地，这就是对这土地优选的报答。

宣纸上的中国

李北山　著

济南：山东画报出版社，2018

ISBN 978-7-5474-2485-8

第三届奎虚图书奖

　　一个文化的中国更像是一个想象的共同体，这个共同体会投射到不同的事物中，构建一个真实的中国。艺术，就是其中重要的映像之一。这本书所写，是对中国艺术史上一些经典作品和人物的文化解读，是庞大写作体系中的一些片段、一些笔记和重述。这是一本关于故事的书，这些故事略去的那些思考，其实是在探讨艺术的观看之道。这些故事本身，亦可让我们得睹艺术之美、文化之魅。

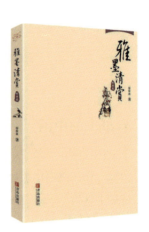

雅墨清赏·绘画卷

鄢敬新　著

青岛：青岛出版社，2017
ISBN 978-7-5552-5794-3

中国绘画艺术典籍浩如烟海。作者参考大量古今画论，去粗取精，交互论述，撰成《雅墨清赏·绘画卷》，供读者在欣赏品鉴时参考。

全书从绘画材料、历史流派、评画标准、印章用法、张挂宜忌等方面进行了系统介绍，为读者提供了丰富而有条理的中国画创作鉴赏知识。本书所引用的古代画论著述，有些本身就是美文，不但可以从中读出作者引申的观点，还可以使读者享受阅读美文的乐趣，并从中理解古代方家所阐发的关于画作创作与品评鉴赏的重要理论和相关观点。

一张报纸的抗战——大众日报社史撷英

于岸青 著

济南：山东人民出版社，2017
ISBN 978-7-209-10616-0

《大众日报》完整地记录了党领导山东军民血战到底的烽火历程；记录了在艰苦卓绝的战争中，党与人民群众如何建立起生死相依、血肉相连的密切联系；记录了中共中央山东分局贯彻中央战略指导思想、逐渐建立健全三位一体的人民武装体系，在军事体制上保证山东敌后抗战的人民性，为最终取得抗战全面胜利做出重大贡献的过程。

本书以《大众日报》为对象、以大众日报社史为轴线，有人物、有故事、有事件、有访问、有描述、有记叙，在有限的篇幅里为我们呈现了关于大众日报史的丰富内容。

中国名著诞生记

宋炳禄、吕月兰　编著

济南：山东画报出版社，2017

ISBN 978-7-5474-2036-2

　　书籍可以给我们连接过去、现在及未来的智慧。历史是一种记录，把过去发生过的重大事件记录下来，传承给子孙后代，让他们可以了解过去，进而对未来充满信心。通过读书，人在幽幽书香的潜移默化下，可以化浊俗为清雅，变奢华为淡泊，转促狭为开阔，易偏激为平和。念及于此，本书从古今书海中拾取明珠，向读者介绍古今名著的主要内容、来历，作者写这本书的原因，书名是怎么一回事，这本书曾经产生了怎样的影响。希望读者通过阅读本书，深入中国文化的森林，撷英拾趣，有所收获。

中国文献载体演变史

赵海丽、蔡先金　编著

济南：齐鲁书社，2017

ISBN 978-7-5333-3771-1

　　人类记录知识的手段及文献载体形式的演变，与社会发展和科学技术的进步密切相关。不同时期的文献载体不同。从某种角度来说，文献载体的发展历程反映了人类的文明发展史，因为文献载体是生产力发展水平的标识之一。

　　本书系统梳理了中国文献载体由陶泥、甲骨、吉金、玉石、简牍、缯帛、纸卷到电子载体的演变情况，旁征博引，论述全面。全书从文献学角度，图文结合，详细、真实地再现了中国文献载体的演变发展情况，是一部文献学学术专著，可作为高等学校文献学、出版学、图书学及其他相关专业课程的教材及参考书目。

中国文章

胡竹峰 著
济南：山东画报出版社，2018
ISBN 978-7-5474-2662-3

　　本书是胡竹峰十年创作散文精选集，共分三卷，收录作者创作的散文近 40 篇。作者追求文字的精炼，并以短作为自己艺术创作的核心。其所写内容与禅宗的"亲自然，远尘世"之风相契合，呈现一种幽柔纤巧的审美风格。

　　"紫金·人民文学之星"散文奖授奖词这样评价该书：胡竹峰的散文大题小作，古雅成趣，文脉纯正，笔墨简练。浸淫于古却不泥古，洞明世事亦不佯狂。写人记物灵动洒脱，谈文论艺明心见性。看似云淡风轻、波澜不惊，实则一唱三叹、意在言外，字里行间透出一种与天地精神独往来的逍遥与高妙。

中国香文化（典藏版）

傅京亮　著

济南：齐鲁书社，2018

ISBN 978-7-5333-4027-8

　　本书分为五章，从香文化的发展史入手，寻觅支撑其不断延续的理论体系，以及香药、香具、诗词文章等香文化的基本内容，开启了我国香文化系统研究的历程。全书从香文化史、香药、香品、香具和文人与香五个方面论述了中国的香文化，是第一部全面系统记叙香文化的专著，填补了香文化研究空白。

　　此次出版的《中国香文化（典藏版）》在2008年版的基础上进行了增删，使叙述脉络更加清晰，语言更加严谨，补充了以前尚未涉及的新内容。此次出版的是彩色版，书中补充了许多珍贵的图片。

中华传统绝艺丛书（4 册）

矫友田　著

济南：济南出版社，2017
ISBN 978-7-5488-2564-7
ISBN 978-7-5488-2562-3
ISBN 978-7-5488-2561-6
ISBN 978-7-5488-2563-0

　　非物质文化遗产是祖先留给我们的一份十分宝贵的财富，它们就像默默流淌的血液，滋养着一个民族的灵魂。老手艺在非物质文化遗产里占有极为重要的一席。那些老手艺，承载着一个民族的智慧、追求和自强不息的精神。我们应当竭力把那些老手艺留住，让那些因为长期处于冷漠环境而渐失养分的民间艺术之花重新吐露生命的芬芳。

　　该丛书包括皮影、木雕、竹刻和陶塑4门单项绝艺。在创作过程中，作者实地采访了众多民间艺人，并拍摄了大量与老艺人相关的精美图片，从而使整套书内容愈加生动而丰富，为喜欢和关注民间艺术的朋友们献上一顿饕餮大餐。

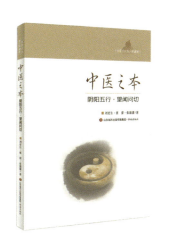

中医之本——阴阳五行·望闻问切

刘更生、张蕾、张潇潇　著

济南：济南出版社，2017

ISBN 978-7-5488-2515-9

　　《中医之本——阴阳五行·望闻问切》由中华中医药学会首席健康科普专家、山东中医药大学刘更生教授担任第一作者，以中医对生命的认知为主线，用中医的整体观念、阴阳五行、病因、四诊、体质等根本理念，阐释了生命过程、身体结构、脏腑功能、生理活动等内容，并联系生活实际，讲明中医独特的整体观、诊病方法以及对健康的认识。构思匠心独运，内容生动有趣。

中医之史——大医精诚·名家辈出

匡建民、刘晓天　著

济南：济南出版社，2017

ISBN 978-7-5488-2516-6

　　本书共分为六章内容，图文并茂，形式活泼，寓教于乐，用深入浅出的语言讲述中医历史文化故事，提炼中医文化的深刻内涵。本书通过历代名医的成长历程彰显大医精诚、医者仁心的优秀传统，使青少年从中得到人生的启迪，从而产生对中医的热爱。

中医之术——本草方药·针灸推拿

孙蓉、李晓宇、张亚囡　著
济南：济南出版社，2017
ISBN 978-7-5488-2514-2

　　《中医之术——本草方药·针灸推拿》分为八章，采取图文结合的方式，以兴趣引导，科学准确地介绍了中药本草学和推拿针灸技术，提炼中医文化所承载的传统文化的精神脉络，体现中医文化的精髓，增强民族文化自信。本书设计了谜语、谚语及中药歌诀，可以使少年儿童在"听故事、背歌诀、猜谜语、看标本"中学习知识。同时，为了便于少年儿童阅读，本书文字加注了拼音。本书图文并茂，形式活泼，寓教于乐，高度凝练，以道御术，以学带法，体现传统文化。

百味本草的前世与今生

梁善勇　编著

济南：山东科学技术出版社，2018

ISBN 978-7-5331-9193-1

　　本书共 100 篇文章，涉及本草 130 种，皆为日常常见药食同源的野菜，每篇均配有图片，以便读者识别。根据本草的食用和药用部位、性味等特性，全书分为"五味杂陈的茎叶""风送幽香的花朵""藏精蕴华的根节""生性强健的枝蔓""殊常之效的籽实""性味峻猛的另类"等 6 章。内容包括本草的来源、分布、传说、典籍记载、功效主治等。本书语言通俗易懂，故事引人入胜，论述引经据典，集知识、趣味于一体，适于各类读者参考阅读。

给孩子的人工智能图解

［日］三宅阳一郎、

［日］森川幸人　著

陈怡萍　译

济南：山东人民出版社，2017

ISBN 978-7-209-10997-0

　　人工智能是什么？人工智能是否会取代人类工作？在信息化的新一代智能社会，这些都是我们尤其是青少年迫切需要了解的。本书采用图解的方式，从人工智能的 68 个关键词出发，通过 300 多张生动有趣的手绘图片以及简明扼要的文字解说，力图为青少年朋友及想要了解人工智能却不知该从何下手的成年读者呈现一堂五彩缤纷的人工智能课程，让每一位阅读本书的人都能在书中 AI 君和喵喵老师的引领下，全方位、迅速有效地了解人工智能，明天开始就想用上这些不再陌生的词语，让人工智能离我们不再遥远。朝气蓬勃的青少年，必将成为人工智能的领舞者。

　　我相信，这本书定会指引着你走进人工智能的殿堂。

中国海洋符号（3册）

盖广生　总主编

青岛：中国海洋大学出版社，2017
ISBN 978-7-5670-1135-9
ISBN 978-7-5670-1118-2
ISBN 978-7-5670-1116-8

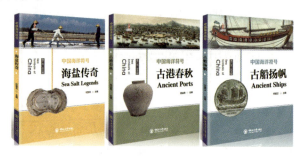

"中国海洋符号"丛书的3册书各自内容如下：

《海盐传奇》，纪丽真主编。从"盐与人类""盐政史话""盐区回眸""盐场春秋""盐商故事"和"文化遗产"六个方面勾勒出海盐的符号形象。在讲述传统中国海盐的生产技术、管理制度、利益分配、有名人物与事件的同时，还介绍了盐场变迁与区域发展，盐商对当地文化、教育、慈善等方面的影响。最后将关注点放在海盐文化遗产上，呼吁读者保护海盐历史遗产，关注海盐文化。

《古船扬帆》，何国卫主编。本书主要内容包括：关于徐福东渡所用海船的猜想、羽人船纹铜提桶上的海船纹饰、莫高窟第45窟壁画中的唐代海船、日本遣唐使船、海鹘船等。

《古港春秋》，曲金良主编。本书主要内容包括：东观沧海——碣石港，天子港口——天津港，海上要塞——莱州港，中原门户——登州港，海舶孔道——密州港，以盐繁盛——扬州港，第一码头——刘家港，东方大港——明州港等。

我们的汉字——任溶溶写给孩子的汉字书

任溶溶 著
青岛：青岛出版社，2018
ISBN 978-7-5552-7718-7

　　本书是著名儿童文学作家、翻译家任溶溶写给孩子的一本汉字普及读物。

　　汉字不仅是构成汉语的符号，更是源远流长的中国文化代表。作者用生动有趣的文笔，以图文并茂的形式，将汉字知识融进一幅幅充满童趣、创意的图画里，同时选取大量的历史图片，用历史资料说话，鲜活地呈现了"我们的汉字"。同时介绍了象形字、指事字、会意字、形声字、假借字等造字方法和字体的变迁、简化汉字等汉字基本常识。从文字的起源讲到汉字的演变，再讲到拉丁字母注音，系统讲述了汉字发展的历史，让小读者对汉字有一个具体而清晰的认识。

写给孩子的艺术史（6册）

张敏　主编

济南：山东美术出版社，2017

ISBN 978-7-5330-5939-2

ISBN 978-7-5330-5932-3

ISBN 978-7-5330-5935-4

ISBN 978-7-5330-5938-5

ISBN 978-7-5330-5931-6

ISBN 978-7-5330-5934-7

　　这是首套国内原创的艺术素养教育丛书，延请国内艺术教育团队进行创作，分为《中国书法史》《扬州八怪》《中国古代音乐史》《齐白石》《凡·高》《米罗》6册，真正做到了深入浅出，兼具严谨和生动，同时接地气，符合国情。

　　内容精选中外艺术史上重要、有影响力的艺术家，将艺术故事与艺术家的人生历程相融合，孩子在阅读故事的过程中，自然吸收艺术养料，同时艺术家的奋斗精神也会滋润孩子的心田，帮助孩子无痕励志。同时，考虑孩子的阅读心理，设置了很多吸引其注意力的板块，把游戏融入艺术知识的学习中，为小读者建构多角度、立体化的知识体系。

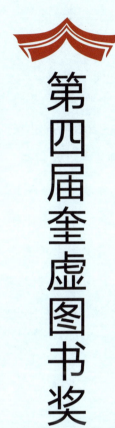

第四届奎虚图书奖

第四届奎虚图书奖评选汇集了全省16家出版社2019~2020年度出版的2800余种初版图书，经组委会筛选，77种图书进入初评。经全省9家地市图书馆推荐，11家出版社自荐，结合网上读者投票，第二轮入围66种图书。

　　专家评审委员会对入围书目进行审读，最终评选出10种优秀奖图书（其中人文社科类7种、科普类1种，童书类2种）和30种推荐奖图书，特别奖空缺。根据优秀奖获得数量，山东人民出版社获得出版贡献奖。

优秀奖作品

从美感两重性到情本体——李泽厚美学文录

李泽厚　著

济南：山东文艺出版社，2019
ISBN 978-7-5329-5862-7

专家荐语

　　本书可视为李泽厚先生大半个世纪以来的美学著述之"文摘"。全书以 6 个专题辑录了 22 篇美学论著，以极为简约的篇幅勾勒出李泽厚先生思想发展的基本脉络，也呈现出其美学思想的大致轮廓。此书不仅选取了李泽厚先生成名以来影响深远的主要论著观点，也收入了诸如《作为补充的杂谈》与《关于神经美学》等美学新作的最新见解。诚如李泽厚先生所认为的那样，美感既植根于现实生活，亦可上通"与宇宙和谐同在"的天地境界，是之谓"大美学"；并认为在尼采宣告"上帝死了"之后，"大美学"当是中国哲学对世界文明所可能做出的重要贡献。诚如是，则基于美学研究的美育不仅可以成功替代宗教，亦可成为中华民族伟大复兴之重要推力。

专家简介

　　高迎刚　山东大学公共文化研究中心主任，山东大学人文学部委员、艺术学系主任、教授、博士生导师。

大江魂

郭保林 著

济南：山东人民出版社，2019
ISBN 978-7-209-11499-8

专家荐语

长江是中国的母亲河，历代以来文人骚客的歌咏赓续不断。20世纪80年代初，大型人文地理纪录片《话说长江》更是引起全国性的"长江热"。本书是对相关历史文化的集大成之作，因而也有了自己鲜明的特点：

其一，这是一部名山大川志，涵盖了西起三江源、东至大海，长江流域内90余座大山、100余条（处）江、河、湖、水、溪的历史文化。

其二，这是一部文明发展史，上起大溪文化、下至改革开放以来的浦东，240余处自然与历史遗产，270余篇（部）经典作品，涵盖了近7000年来华夏民族的血泪史、奋斗史。

其三，这是一部华夏民族的英雄谱，自传说中的神农、伏羲、格萨尔王，到东方明珠的建设者，360余位政治家、军事家、思想家、文学家、艺术家，汇千古风流人物于一册。

其四，作者历时20年，足迹遍及20余省（市）、60余地（市），融丰厚的知识、饱满的热情和富有哲理的思考于一体，其不屈不挠的执着追求，正是对长江精神的践行和见证。

读《大江魂》，与大山对话，与大江对话，与大家对话，怡情睿智，神驰昂扬！

专家简介

赵兴胜　山东大学图书馆馆长，山东大学历史文化学院教授，博士生导师。

发往前线的家书

赵念民　主编

济南：山东文艺出版社，2020
ISBN 978-7-5329-6079-8

专家荐语

这是一本极其温暖的书。在 2020 年那个永远刻骨铭心的春天，有 1775 名齐鲁儿女，以勇敢、无畏及天使般的爱，在看不见硝烟的抗击新冠的战场上，与来自四面八方的逆行者，共同谱写了一曲抗疫救人的壮丽篇章。

这又是一本无比厚重的书。"烽火连三月，家书抵万金。"纸短情长：在前线，他们是铠甲战士；在家庭，他们又是乖巧的儿女、恩爱的夫妻、勇敢的父母。自豪与揪心、舍与不舍、小家与大国，字里行间处处流露着人性光辉与家国情怀。

这还是一部永载史册的书。记录时代，见证历史，是所有新闻工作者的使命担当。它以独特的形式、别样的视角，记录这个非凡春天里每一个温暖的角落，每一次滚烫炽热的心跳，每一颗平凡而高尚的灵魂，为历史留痕，为人民背书，是新闻人留给这个春天最生机盎然的永恒纪念。

专家简介

许翠兰　《现代视听》执行主编，高级编辑。

卷帘看：中国诗画读记

李鸿杰　著

济南：济南出版社，2020

ISBN 978-7-5488-4296-5

专家荐语

李鸿杰所著《卷帘看：中国诗画读记》，以别开生面的视角，探索摹写优秀的中国古诗词与古画之间的相互衬托、相互交融、相辅相成的关系：诗中有画，画中有诗。相信这也是古代的诗词作家和画家意愿表达的境界。本书共八讲，分析了中国山水画的传统，以及销魂的题画诗；又分章细述，对画与诗中的"春色""树""扇""船篷""帘""杖""鸟儿""童仆"等形象，做了栩栩如生、引人入胜的分析和探幽。通过此书，读者可以仔细揣摩中国画的技巧与内涵，透过作者的诗歌解说，寻找中国画与古代诗词的契合点，进而探索中国古代文人的内心世界，洞悉他们以绘画、文字作为心灵表述和理想追求的手段和载体。本书行文流畅、曲径通幽，不失为中国诗词与中国画知识普及的引路之作。本书不足之处是思想深度上稍显欠缺。

专家简介

刘显世　山东省图书馆党委书记、馆长。

手艺的终结

李北山　著

济南：泰山出版社，2020

ISBN 978-7-5519-0604-3

专家荐语

从日用器物间寻"道"

《手艺的终结》是一部富有原创思想的艺术哲学著作。作者将手艺和器物置于人类文化体系中，从哲学的层面对人类的生产和生活进行反思。作者认为，"手艺"是与农耕相伴，植根于生活的沃土，带有现实功用和实用特征的技艺。工业革命以来，手工业被机器工业取代，"手艺"失去了赖以生存的条件，迅速走向衰落甚至消亡，而富有艺术内涵的手艺逐渐成为"遗产"，作者据此提出了"手艺的终结"命题，并围绕这一命题诠释出诸多关于"手艺"的独家思考。

作者认为，器之用是日常生活之构成，以手艺为中心，延伸出的诸多话题，处处体现了"百姓日用即道"这一古代哲学思想。作者认为，手艺是以人为本的创造性劳动，手艺蕴含着人的智慧和人的价值，也蕴藏着人的快乐。作为手艺的结果，器物中蕴含着中国人"以不变应万变"的理性，它穿越时空，让无形的时间短暂凝固显形。手艺的灵魂是"匠心"，即工匠精神。作者认为，器物的创造是天、地、人三者的融合，人的技艺源自"天机"，器是人的造物，没有人就无所谓"器"，器是"天人合一"的呈现，而当器成为媒介，就成为人的延伸。

作者指出，"对手艺的守护其实是对一个民族、国家的传统的守护，是维持其独特性基因的必经之途"，从民族文化的层面看待手艺的固有价值，重塑工匠精神，承续民族基因，也许手艺会实现"终结之终结"，这是《手艺的终结》最具现实意义的价值所在。

《手艺的终结》是一部典型的学术之作，但作者以漫谈的方式，并引用大量的故事，使其深刻的思考变得浅显易懂，表述上不仅能让人读懂，更让人觉得有趣，展现出作者广博的知识储备和超凡娴熟的文字功底。

专家简介

王玉梅　山东省图书馆党委委员、副馆长，研究馆员。

为了新中国——革命烈士纪念碑碑文敬读

学习时报编辑部　编

济南：山东人民出版社，2020

ISBN 978-7-209-12806-3

专家荐语

这是一部献给中国共产党百年华诞的特别礼物，一部开展党史学习教育和青少年爱国主义教育的鲜活教材。为了建立新中国，成千上万的革命烈士献出了宝贵的生命。为缅怀他们的英雄事迹，新中国成立后，各地陆续竖起一座座革命烈士纪念碑，所刻碑文让革命烈士的英雄事迹一代代流传。自 2019 年 5 月 10 日起，《学习时报》专门开辟"为了新中国——革命烈士纪念碑碑文敬读"专栏，陆续刊发人民英雄纪念碑等全国各地纪念碑碑文文章，讲述碑文及其背后的故事，本书是该专栏结集的第一本。碑文是纪念碑的核心和灵魂，是中国近现代史的浓缩，反映了中国人民争取民族独立和自由幸福的历史，是中国人民和中华民族站起来的真实记录。碑文中所展示的英雄主义、爱国主义、共产主义、国际主义等精神砥砺我们不忘初心、牢记使命，提振民族精神，具有深刻的历史价值和教育意义。

专家简介

陈文东　山东省作家协会副主席、创联部主任，主任编辑，《山东作家》主编，山东作家网主编。

质疑逼近真相

王志　编著

济南：山东人民出版社，2020

ISBN 978-7-209-12774-5

专家荐语

　　王志是博导、教授，又是市长、官员，但他最重要的角色是记者、媒体人。作为央视《东方之子》《新闻调查》《面对面》等著名栏目的记者和主持人，王志被誉为"职业记者"标杆和最好的电视新闻采访记者之一。《质疑逼近真相》一书，还原了王志采访钟南山、袁隆平、杨振宁、金庸、姜文等20位各行业重磅人物的画面。书里记录的，不是一般的访谈，而是一个个大众关切的话题，具有很强的现实意义。与重要人物面对面，如何从他们口中问出有价值的信息，是每个媒体人都在努力掌握的技能。访谈对话中，王志的提问角度新颖，换来回应的深刻观点，让我们能真切地感受到新闻的价值和力量。对媒体从业人员来说，这是一本难得的实用教材，能帮助你建立科学的采访认知，掌握实用的采访技巧，非常值得认真品读。

专家简介

　　刘芝杰　大众日报首席编辑。

中医是什么

王祚邦 著

青岛：青岛出版社，2020
ISBN 978-7-5552-9202-9

专家荐语

这是一本有用且有趣的书，既关乎身体康建，又关乎养生养心，还破解了诸多优秀传统中医文化的密码。中医是老祖宗留给中华民族的瑰宝，博大精深，内涵丰富。把它保护好、传承好、发展好，使之与现代健康理念相融相通，服务于人民健康，是习近平总书记给广大中医药工作者提出的时代命题。深受民众欢迎和爱戴的深圳市名中医王祚邦，将自己多年来的中医临床心得与科普有机结合，通过"中医基础""中医诊病""中医经络""中药""中医养生"等五个方面数十篇文章，倾心写成《中医是什么》一书。本书既具备很强的专业性和权威性，又立足普通百姓的视角，以生动平实的文笔，徐徐道来，把诸如"中医的阴阳五行""中医的精气血津液""针灸不用药，何以能治病"等众多人们关心却又搞不懂的问题一下子讲得明明白白、清清楚楚，读来如醍醐灌顶，受益匪浅。

专家简介

许翠兰 《现代视听》执行主编，高级编辑。

藏在地图里的二十四节气（4 册）

郝志新　主编

智典棒棒糖　绘制

济南：山东友谊出版社，2019

ISBN 978-7-5516-1870-0

ISBN 978-7-5516-1868-7

ISBN 978-7-5516-1869-4

ISBN 978-7-5516-1871-7

专家荐语

　　"春雨惊春清谷天，夏满芒夏暑相连。秋处露秋寒霜降，冬雪雪冬小大寒。"二十四节气是中国传统农耕社会里普罗大众赖以生息的实用宝典，也是中华传统文化中"天人合一"精神的具体表现。儿童科普绘本《藏在地图里的二十四节气》通过地图生动展现二十四节气的丰富意蕴：节气的由来、节气传说、节日习俗、各地气候差异与农耕活动、节气里的古诗词等。它用优美又有趣的图文形式将自然科学与人文知识融为一体，让孩子们在快乐阅读与审美愉悦中增长科学知识，理解中华传统文化，提高人文素养和审美能力。另外，绘本中的手工节气转盘、视频动画、精美大拉画也会给小朋友们带来不一样的新鲜体验和惊喜！

专家简介

　　王伟　山东艺术学院教授，山东省美育专家。

雪山上的达娃

裘山山　著

济南：明天出版社，2019

ISBN 978-7-5708-0194-7

专家荐语

　　这是一部适合 8～15 岁少年儿童阅读的长篇小说。书中讲述的故事颇具传奇色彩，在西藏边境小城亚东，一只走失的幼犬"达娃"与年轻边防战士"黄月亮"不期而遇，在海拔 4500 米的云端哨所，他们相互陪伴，共同成长，一起应对极端恶劣的高原环境，遭遇了惊心动魄的雪崩、雷暴，也一起经受酷寒、孤寂等严峻考验。它聆听了一代又一代西藏军人为国仗剑、无私奉献的故事，见证了他们以顽强、坚韧的意志所缔造的生命奇迹、精神丰碑。书中质朴感人的文字、亲切的"双线"叙述方式，为我们徐徐展开神奇的画面，使读者深刻感受中国当代军人的铁血柔情，体会情与义、忠诚与奉献、梦想与信念的价值，从而懂得和平安宁来之不易，学会在生活的种种困厄中实现人生的突围，在直面考验和挫折时获得向光生长的力量。

专家简介

　　姜艳平　淄博市图书馆党支部书记，研究馆员。

推荐奖作品

爱上语文

王崧舟　著

济南：齐鲁书社，2019

ISBN 978-7-5333-4134-3

本书是根据《百家讲坛》栏目中作者的十二集同名讲座整理的电视同期书。内容包括：学语文就是学文化、看不见人怎么看得见语文、书读百遍真能其义自见吗、这样学语文才有味道、学语文就是精神返乡、学语文需要转化密码、推敲语文就是推敲思想、未经思辨的语文毫无价值、用"三只眼睛"看语文、学语文就是学做人、像苏轼那样用语文成全自己、语文学习的三重境界。全书由语文教科书中的经典篇目及优秀传统文化中最具代表性的古诗词讲起，系统阐述了关于语文教育和学习的理念及路径。

大国根基

董峻、傅晓航 著

济南：山东科学技术出版社，2019

ISBN 978-7-5331-9898-5

本书包括"中国人的饭碗""'小康不小康，关键看老乡'""大国小农""第一推动力""当农业遇见工业""绿水青山"6章。全面回顾、展示了70年来中国农业和农村经济社会建设的巨大成就，总结和探寻发展经验，揭示新时代"三农"所面临的新使命。全书通过系列典型人物的故事，以及农村政策和时代背景等元素，从农村改革、粮食安全、脱贫攻坚、农民增收、农业供给侧结构性改革、农业科技、绿色发展、农业对外开放、乡村治理及农村文化建设等角度，全方位反映农业这一支撑中国经济社会发展的基础性产业，全方位反映农村这一最具"乡土中国"元素的领域的面貌。

东昌草木记

谭庆禄　著

青岛：青岛出版社，2019
ISBN 978-7-5552-7682-1

本书是作家谭庆禄继《东乡草木记》获"泰山文学奖"后的又一部温情草木之书。作者将近年来写就的78篇文章分为野草之什、野蔬之什、树木之什、花卉之什、作物之什五部分，以东昌（今聊城）及其周边地区的花草树木为写作对象，内容包括野草、野蔬、树木、花卉和作物等，融入作者的生活经历和相应草木的文化元素，饱蘸作者情感，图文并茂，既有作者独到的观点，又有资料价值，是一部研究乡土植物的博物学著作。

胶济铁路风物史

王帅　著

青岛：中国海洋大学出版社，2019
ISBN 978-7-5670-2054-2

　　本书包括"近处的远方""时间的韵脚""空间的诗学""官员的形象""时代的脉搏""经济的路轨""文艺的底色""隐含的自我"八章。具体内容包括：晴朗的星期天、旅行的最佳季节、胶济铁路草图初现、甚为难得的锡乐巴、巨野教案发生了、胶州湾的早晨、紧锣密鼓的六月、客厅里放了一把琵琶、善用机会的刘子山们、宛若星辰的劳工、袁世凯的政治术等，通过极为丰富的细节，阐述了胶济铁路与青岛的紧密关系，以更开阔的文化构建还原了青岛的城市成长史，显现了一个曾经充满创造力与专业精神的历史场景。

考证济南

雍坚 著

济南：山东画报出版社，2019
ISBN 978-7-5474-3254-9

　　没有考证，就无所谓史学。本书作者以媒体记者的视角，在采访并记录济南市泛文化历史领域的故事的过程中，考证了老济南边边角角的不少事，涉及地名、泉水、考古、建筑、名士、民俗、文献、老字号、老照片等多个领域。细读此书，你会发现：你以为的，往往不是你以为的。

　　该作品包括地舆·古迹考、山水·风物考、人物·艺文考、工商·政事考四部分，收录了《苏东坡"读书堂"碑的千年故事》《揭秘大辛庄遗址发掘》《济南明府城的前世今生》《济南峨眉山的前尘后世》《济南护城河明朝就叫环城河了》《外地人的济南》《那些用镜头定格清代济南的外国人》《由苗家巷大宅门溯源济南典当业》《纬三路上的老字号兴顺福》等文章。

孔子的叮咛

杨朝明　著

济南：山东友谊出版社，2019
ISBN 978-7-5516-1954-7

　　本书提炼65个关键词，如孝、忠、恕、义、德、知人、使民、善政、爱与敬等，深入浅出地揭示了孔子的思想义理，对孔子的思想体系进行了创新性、贯通性的诠释，同时将优秀传统文化的精髓传达给当下大众。内容包括立爱自亲始、祭祀之礼首重敬、远离缺乏仁德者、君子无理不动、行走与德行、爱民如子不容易、礼敬自己的文化先驱、看见远处的自己等。

老子与现代生活

刘长允　著

济南：齐鲁书社，2020

ISBN 978-7-5333-4327-9

　　本书包括"智慧老人的风采""人人关心的问题""大千世界冷眼观""如何守住真善美""相反相成揭真谛""无为之论高千古""唯有明哲可保身""后发制人寓天机""知足之乐乐无穷""颐养天年寿而康""桃花源里可耕田""黄钟再奏和谐曲"十二章，从不同角度对老子的智慧予以解读阐发，把老子智慧与现实生活紧密地联系起来，使人们从老子那里得到更多的人生启示和教诲，以安顿好我们现代人的心灵和生活。

历史深处的叹息：走向民国的苍茫故往

金满楼　著

济南：山东画报出版社，2019

ISBN 978-7-5474-2663-0

本书分为"晚清迷梦：梦想难进现实""寸步难行：共和举步维艰""乱世百相：荒诞意犹未尽"三篇，以李鸿章、孙中山、章太炎等十几位近代人物和甲午海战、刺杀宋教仁案、清末禁烟、清帝退位等重要历史事件为话题，塑造了在民国政坛上有过一席之地的历史人物群像，撷取了最能反映时代走向的故事和片段，用独特的视角串联起来，共同形成对近代历史不为人知的侧面的思考，透析了清朝衰落乃至灭亡的背后纷繁复杂的原因。

流连在济南时光深处

周长风　著

济南：山东画报出版社，2019

ISBN 978-7-5474-3179-5

本书为作者多年来研究济南地方历史文化文章的汇集，遍及地名、泉水、考古、建筑，名士、民俗、文献、老字号、老照片等多个领域，集内文章对扁鹊、秦琼、李白、苏颋、曾巩、李清照、张养浩、赵孟頫、周绳、康熙帝、雍正帝、王士禛、蒲松龄、郑板桥、老舍、钱锺书、徐北文等历代名人与济南文化的种种因缘，从某一角度作出力求新意的钩沉和解读。

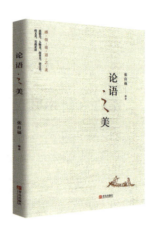

论语之美

张自福　编著

青岛：青岛出版社，2019
ISBN 978-7-5552-8076-7

　　本书是一本用现代政治思想、教育观念和生活眼光去重新解读中华优秀经典《论语》的专著。作者认为论语当有"五美"，即思想美、人物美、语言美、故事美、歧义美，并在总论导读的基础上分章细读，对此"五美"进行了研究。内容包括感悟论语之美、学而第一、为政第二、八佾第三、里仁第四、雍也第六、子罕第九、子路第十三、阳货第十七、尧曰第二十、亲爱的孔子老师等。

美在乡村

潘鲁生　著

济南：山东教育出版社，2019

ISBN 978-7-5701-0477-2

　　本书包括"乡风文明""村落保护""手艺农村""农民画乡""乡愁记忆"五章，详细记录了各地的传统民俗、手工艺，记录了传统村落里的各种物质和精神遗产，是作者近年来关于乡村文化与民生发展的思考与调研结集，记录了行走乡村探访民艺的见闻、对民艺文化乡土的深度观察，回顾梳理了对乡村文化发展的认识和建议，由手工艺、农民画等具象的乡土艺术形态，拓展到传统村落等乡土聚落空间，深入探寻乡风文明的无形动力，发现和阐释乡村的美学价值。

让我隔空抱抱你——镜头下的人民战"疫"纪实

《山东画报》记者组　编著

济南：山东友谊出版社，2020

ISBN 978-7-5516-2082-6

　　本书用大量的照片和感人的文字记录了中国抗击新冠肺炎疫情过程中的温情故事，真实展现面对疫情时每个中国人身上体现的善良与坚忍、责任与担当，以及中国人民团结一心、同舟共济的精神风貌，向国内外读者传递中国正能量。全书以时间为轴线，以温暖为主调，根据疫情发展及抗击疫情工作的开展进度，分为"突发""战'疫'""攻坚""曙光"四章。

人在济南：众泉为我洗尘埃

施永庆　著

济南：济南出版社，2020
ISBN 978-7-5488-4042-8

　　本书可算作一张描绘画和赞美济南的新名片。透过文字，我们可以看到城子崖古老遗址下藏着的故事，可以看到大明湖烟波上浮动的历史……作者以历史学、考古学和文化学的眼光来打量济南的山、泉、湖，寻其踪，探其源，细致地呈现历代文人墨客涂抹在这些自然景观上的人文色彩。读读本书，让更多的济南人热爱济南，让更多的外地人了解济南。

　　本书包括"文学秘境 大师游踪""天生泉城 潇洒济南""百宋千元 人文遗泽""老街怀古 美食依然""悦读济南 季节轮转"五章，收录《大东风雅城子崖》《词魂与清泉相伴》《斯文不坠白雪楼》《老街的泉水，泉水的老街》《大明湖的水中蜃景》《云雾润蒸何处来》《济南的三河四水两湖》《历下亭的千年回响》《守望〈聊斋〉的大明湖》《刘凤诰与大明湖名联传承》《民国海归与济南纱厂》《开满鲜花的刑场》等近60篇散文随笔。

诗经手绘图谱（植物卷、动物卷）

[日] 冈元凤、[日] 细井徇　撰绘

徐峙立　纂辑 注析

济南：山东画报出版社，2019

ISBN 978-7-5474-1687-7

ISBN 978-7-5474-2035-5

　　本书分为"植物卷""动物卷"两卷，以冈元凤纂辑《毛诗品物图考》所出名物的先后顺序为序，分列草（两卷）、木、虫、鱼、鸟、兽七部分。每卷所列物种以《诗经》篇目先后为序，加以常识性注解，并对原诗稍作简析，同时对照收录细井徇《诗经名物图解》所绘制相关物种图片，对比铺陈，凡四百余幅图片，方便读者一一对应，格物致知。

水墨山东

郝桂尧　著

济南：山东人民出版社，2019
ISBN 978-7-209-12260-3

　　该作品是一部水墨视野中的地方美术史，回顾和评述了山东水墨画的发展历程，对地域风格的源流和特点作了深入、具体的剖析。内容包括"从伏羲到孔子：托起另一轮太阳""玄学支撑魏晋风度的精神天空""隋唐气象里山东人伟岸的身影""宋元：山东助推书画文人化进程""南北张望：大写意开明清画风之先""齐鲁画家在中外文化碰撞中觉醒""毛泽东时代山东美术转向现实主义""改革开放40年：山东走向美术强省""新现实主义和世界水墨"，共九章。

我在世界名人之家

车吉心　著

济南：泰山出版社，2019

ISBN 978-7-5519-0577-0

　　本书是作者为拍摄的名人故居照片配写的散文随笔集，收录了《又见画圣》《一生背运的塞万提斯》《小岛大帝拿破仑》《走好啊，贝多芬》《请信任拜伦》《幸运，达尔文》《致敬李斯特》《列宁在高尔克庄园》《斗士爱因斯坦》《文坛硬汉海明威》《勿里达的残阳》《红色亲王苏发努冯》《梭罗悲歌》等文章，以图文并茂的形式，向读者叙说走进名人故居的亲身感受，介绍名人波澜壮阔的一生，以鼓励读者像名人那样，不忘初心、奋斗进取，实现人生的伟大梦想。

新文学版本杂谈

朱金顺　著

青岛：青岛出版社，2019

ISBN 978-7-5552-2111-1

1917 年之后，中国新文学版本诞生，此后产生了不少文学名著。目前，新文学研究已成为繁盛的门类。新文学名著的初版本，近年来受到学术界、收藏界的重视，特别是那些稀见的版本，更受到收藏者的珍爱，被称作新善本。学术界重视新文学初版本，是从它的文献价值考虑的，是研究者真实、可靠的史料。随着时间的流逝，新文学的初见版本，其文物价值也将日益提高。

本书考证《家》《那时文坛》《林辰文集》《金台小集》《寻诗散录》等近现代作家的作品各版本的差别，并向读者讲述其中的故事，收录了《新文学初版本的文献价值》《十部值得珍藏的新文学名著》《最早的一本冰心评论集》《三本早期出版的研究郁达夫的书》《有用的"中国现代文学闻见录"》系列》《文学史上别忘了陶晶孙》《回忆我收集朱自清先生的书》《萧红作品的几个早期版本》《巴金先生的两本珍稀小书》《柳青作品的二三珍本》《说说两本鲁迅主编的书》等文章。

野有蔓草：《诗经》草木图志

蓝紫青灰　著

济南：山东文艺出版社，2020
ISBN 978-7-5329-5902-0

　　本书是一本描写《诗经》草木的散文集，作者整理提炼出《诗经》中出现的重要植物，介绍其面貌、价值等，以优美文字为草木传神立传，配以精准描摹物貌的植物插画，使"荇菜""苤苢""唐棣"等古老的名字鲜活起来，不再面目模糊，有了具体的形与色，在进行科普的同时，也梳理了它们在历史上的文化含义流变，以及不为人知的背后的故事。本书从植物的角度来解读古老经典诗词，通过阐释其文化内涵，把握传统文化的脉络，由草木代入情感，从而使人们更加了解《诗经》。

饮食字传（品物篇、烹制篇、味觉篇）

张一清　著

济南：山东友谊出版社，2019
ISBN 978-7-5516-1809-0
ISBN 978-7-5516-1807-6
ISBN 978-7-5516-1808-3

　　本系列书选取我们身边最常用的汉字，从汉字的结构与演变切入，讲述汉字背后的有趣典故，探究汉字的前世今生，解析汉字内外乾坤。"品物篇"共 15 篇，主要选取了粮、肴、膳、饭、酒、茶等食物相关汉字；"烹制篇"共 17 篇，主要选取了煎、烹、调、炒、炝、熬等烹制操作相关汉字；"味觉篇"共 14 篇，主要选取了酸、甜、苦、辣、咸、香等味觉相关汉字。

影像日记——记者镜头下的全民战"疫"

李舸　主编
济南：山东文艺出版社，2020
ISBN 978-7-5329-6078-1

　　本书分为"驰援武汉""保卫武汉""一方有难、八方支援""全民阻击战""复工复产""康复出院""英雄凯旋"7个主题，按时间顺序，以记者的视角，用镜头忠实记录下在隔离病房一线，在病毒检测中心，在方舱医院，在武汉街头巷尾，在全国各地的交通枢纽、社区村居，风雪与严寒之中一个又一个感人至深的瞬间，跟进式、全景式地记录了从新冠肺炎出现到疫情被控制的全过程。本书的300余幅图片从新华社、中新社等新闻媒体公开发表的摄影作品中精选而出，用一张张影像图片，展示了全国上下在疫情防控阻击战中付出的艰辛与努力，让世界见证了中国精神、中国力量、中国效率所释放的超凡能量，也传递出中国战"疫"必胜的信心和决心。

冰火之歌——掀开可燃冰的神秘面纱

陈强、李彦龙、林琦 著

青岛：中国石油大学出版社，2020

ISBN 978-7-5636-6834-2

　　本书包括"神冰初现""见微知著""深海藏宝""龙宫探宝""钻冰取火""采冰卫士""多事之冰""海地医者"八章，内容涵盖可燃冰研究的发现历程、微观结构特征、赋存特点、找矿技术、开发技术、环境地质灾害等，讲述了可燃冰资源开发的基础理论和我国在该领域取得的成绩，以及作者所在的自然资源部天然气水合物重点实验室多年来积累的可燃冰试验模拟与分析测试技术。2021 年 12 月，该书入选 2021 年自然资源部优秀科普图书公示名单。

听变异龙讲遗传学

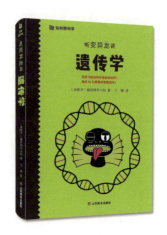

[西班牙] 前沿科学小组　著

王晴　译

济南：山东美术出版社，2020

ISBN 978-7-5330-7749-5

　　本书包括"遗传""什么是DNA""变异""转基因生物""进化""克隆""表观遗传学"七章，以儿童小说的形式，讲述了时下新兴大热的遗传学知识。书中还穿插一些能够在家完成的小实验，低成本、易操作，孩子可在家长的陪同下一起完成。阅读本书，你将见识到遗传学最怪异且最为惊人的规律。让我们跟随艾达、马克斯和西格玛博士一同开启一段疯狂的冒险之旅吧，你会发现遗传学真是太酷了！

我们的微生物世界：传染病防控科普读本

高阳　编著

济南：济南出版社，2020

ISBN 978-7-5488-4315-3

　　本书包括"微生物与传染病综述""人类历史上的重大传染病""传染病的预防与治疗""新中国公共卫生领域的重大成果"四章，摆脱枯燥的说教形式，将"科普博物馆"的概念贯穿全书，博物馆里美丽活泼的讲解员——丁小香亲切、热情、细致地给少儿读者介绍微生物家族，各类常见传染病的特点、历史、预防护理以及我国在公共卫生史上抗击疫情的几大胜利等多个板块的知识。小读者可以跟随丁小香的脚步，在浏览"科普博物馆"的同时，解开心中对传染病的种种疑惑。

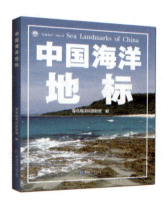

中国海洋地标

青岛海洋科普联盟　编
青岛：中国海洋大学出版社，2019
ISBN 978-7-5670-2195-2

　　本书按照我国4个边缘海分为渤海篇、黄海篇、东海篇和南海篇，以及介绍我国南、北极科考站的极地篇。从每个海域选取10余个具有地标性意义的海洋自然景观、海洋人文景观、海洋科教机构或者海洋地理标志等进行介绍说明，反映本海区海洋地理与海洋文化特征，并介绍我国南、北极的6个科考站，从而建构我国沿海领域整体的海洋地理与海洋文化符号。2020年5月，该作品入选国家新闻出版署《2020年农家书屋重点出版物推荐目录》。

藏在课本里的字里乾坤

陈默　编著

济南：山东人民出版社，2020

ISBN 978-7-209-12649-6

本书分为五章，分别是"华冠丽服（衣）""玉盘珍馐（食）""安居乐业（住、行）""人文荟萃（文化）""鸟兽虫鱼（动物）"，精选了中学生在语文学习中常遇到的 50 个汉字，并与部编版语文教材的内容紧密结合，从《说文解字》入手，将汉字的起源、含义、发展以及与其相关的传统文化知识进行了层层解读，让学生在轻松阅读中了解这些汉字背后的传统文化及其蕴含的丰富知识，在潜移默化中提高语文素养。

地图上的史记（6卷）

陈绍棣　主编

济南：山东友谊出版社，2020
ISBN 978-7-5516-2031-4

　　本套书包括《血火淬炼帝王路》《逐鹿天下展雄风》《霸业有成亦龙悔》《纵横天下求强兵》《功业荣辱谈笑中》《无尽江山入画图》6卷，从《史记》中选取极具故事性的本纪 12 篇、世家 30 篇、列传 70 篇，尽力展现太史公司马迁著述的系统性，再辅以大量历史地图、正史来源的典籍文献、手绘插画形式的展开页专题以及内容丰富、趣味性十足的知识链接等，带领青少年读者在轻松愉快的故事阅读中漫步历史殿堂。

读给孩子的诗经

陈茵　编

顾志珊　绘

青岛：青岛出版社，2019

ISBN 978-7-5552-7719-4

本书以《毛诗正义》为依托，选取其中最著名、最优美、最上口、最迎合孩子趣味的 61 篇，《风》《雅》《颂》三大板块都有涉猎，所选篇目励志与抒情并蓄，复杂与简约兼容，做到既照顾孩子的阅读理解与接受，又保持选本的客观与代表性，配以注释赏析和唯美清新的手绘插画，力求在清丽简明的基础上为孩子们勾勒出《诗经》的完整轮廓。

我们的国宝

洋洋兔　编绘
济南：泰山出版社，2020
ISBN 978-7-5519-0597-8

　　本书从孩子的角度出发，采用小朋友们喜欢的风趣语言，对馆藏在12个省的23件国家级珍贵文物进行了详细介绍，并配以精致的原创手绘插图，以及可爱搞笑的小故事、典故、知识点插图，细致还原文物风貌。正文生动幽默地讲述了许多文物背后鲜为人知的故事、制作工艺、相关的历史文化等，兼具人文性、知识性和艺术性，让小朋友在轻松地语言环境下了解文物的前生今世，学习文物中蕴含的科学知识，一览文物背后的历史故事，从而爱上国宝，爱上中华文明。

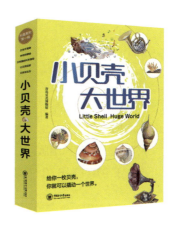

小贝壳大世界（5册）

青岛贝壳博物馆　编著

青岛：中国海洋大学出版社，2019

ISBN 978-7-5670-2164-8

全套书包括《贝壳不简单》《神奇的螺旋》《贝壳里的科学奥秘》《让贝壳回家》《贝壳与化石》5本书。每本书系统介绍一个主题，涉猎的贝壳来自全球 60 多个国家和地区，图文并茂，配有上百幅精美手绘图及实景拍摄图片，让孩子们通过贝壳这个窗口了解海洋生物、认识大自然，培养科学兴趣，养成科学思考的习惯，启发探索精神。这套书是依托贝壳博物馆馆藏研究为青少年打造的首套贝壳知识的海洋科普读物，2022年1月28日入选2020年度全国优秀科普作品名单。

有鸽子的夏天

刘海栖　著

济南：山东教育出版社，2019

ISBN 978-7-5701-0460-4

本书是一部具有浓郁生活气息，溢满爱心、执着和勇气的儿童小说。少年海子因养鸽子体味到了前所未有的惦念、喜悦，却因意外丢失鸽子倍感烦恼和悲伤。当解救鸽子的所有路径被一一堵死，海子将怎样直面困境、找回心爱的鸽子？作家用儿童本位的朴素自然的语言，将记忆中最鲜活的故事生动地还原出来，通过少年海子守护鸽子的故事，写尽了纯真年代里的乐观坚强和成长滋味。2019年11月14日，该书获2019陈伯吹国际儿童文学奖·年度图书（文字）奖。2021年8月6日，该书获第十一届全国优秀儿童文学奖小说奖。

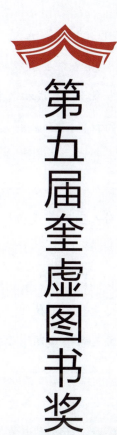

第五届奎虚图书奖

2023 年，第五届奎虚图书奖评选，汇集了全省 16 家出版社 2021～2022 年度出版的 3600 余种参评图书。在初选阶段，经初评委员会专家筛选形成初选书目 90 种，结合全省 11 家地市图书馆参与初选书目的推荐，15 家出版社自荐参评图书 139 种（套），经与初选书目对比去重后，为 197 种；在复评阶段，经组委会复评，结合网上读者投票情况，产生入围书目 90 种。在终评阶段，经过终评委员会 9 位专家对入围图书进行逐一审读，最终评选出 43 种获奖图书，优秀奖图书 10 种（人文社科类 6 种，科普类 1 种，少儿类 3 种），推荐奖图书 30 种，特别奖图书 3 种（装帧设计奖、主题出版奖和中华优秀传统文化奖各 1 种），山东人民出版社和青岛出版社荣膺出版贡献奖。

第五届奎虚图书奖秉承创新基因，不断推进品牌的创新发展，顺应"书香齐鲁"风尚，推陈出新。

其一，逐步完善奖项的组织机构，评选环节更严谨，评选过程更规范。除以往的专家评审委员会外，本届评选首次邀请省图书馆资深馆员组成初评委员会，对参评书目进行筛选把关，提高初选书目的质量。

其二，对奖项设置进行微调，使奖项更有包容性，内涵更加丰富。优秀奖、推荐奖和出版贡献奖保留不变，将特别图书奖由单一奖项调整为系列单项奖，并增设装帧设计奖、主题出版奖、中华优秀传统文化奖，进一步发挥奖项引领和助推作用。

其三，借助本届奎虚图书奖评选活动的契机，发挥活动外溢效应，加强与出版社的沟通与对话，首次开展"奎虚图书奖走进出版社"活动。2022年11月至2023年3月，活动办公室先后走进山东人民出版社、山东文艺出版社、明天出版社、青岛出版社调研，与出版社领导、编辑、发行等相关人员面对面的交流，详细了解了鲁版图书的出版社情和动态，促进地方版图书交送保存工作，引导出版社参与奎虚图书奖评选，达到出版社"出好书"与奎虚图书奖"选好书"的双赢格局。

其四，奎虚图书奖发挥奖项融合的特点，加强与文津图书奖的合作联系。"世界读书日"奖项发布后，将在山东省图书馆二楼社科外借室设有文津图书奖、奎虚图书奖获奖图书专架和展台，以飨读者。在二楼奎虚厅开展两个奖项获奖图书图片巡展，为期一个月。

其五，对奎虚图书奖阅读推广服务平台进行重新诠释，将原有的获奖作品"悦"读分享会升级为奎虚读书会，从形式和内容上拓宽阅读推广的边界，实现了奖项评选与阅读推广的有效链接。作为全省全民阅读推广服务平台，奎虚图书奖不止有评奖，还天然地肩负着鲁版图书阅读推广的使命。奎虚读书会作为专注阅读、学习和分享知识的组织，今后将深耕细作，传递、展示更多的鲁版精品力作，在全社会营造"爱读书、读好书、善读书"的阅读生态。

优秀奖作品

黄河传

张中海　著

济南：山东人民出版社，2021

ISBN 978-7-209-13627-3

专家荐语

这是一个诗人与一条大河的灵魂对话，是由民族精神骨血凝铸而就的源头之碑，是作者诗意浪漫的走心之书，是传统文化与民族血脉的寻根之旅。我们从哪里来，又向哪里去？与其说诗人循河迹，文明遗迹为母亲河立传，不如说是在民族雄立世界之林之际，在太平洋的汹涌波涛面前，对自己，也是对当下每一黄河子孙所作出的探索和追问。史料考古与现实形态互证，史志发掘与神话传说互文，信仰传承与科学理性互渗。作者积前后 30 年储备与沉淀，溯源而上，又顺流而下，沿着地理的方向、时间的方向和一条大河注定归宿大海的方向，以现代意识观照并表现一条大河，不仅向读者展示了一条大河的前世今生，也为"国之大者"的书写赋以文本的突破与创新，更使当代书写充盈强烈的时代气息。

专家简介

逄春阶　山东省政协委员，中国作协会员，山东省散文学会副会长，山东省报纸副刊研究会副会长兼秘书长。现为大众报业集团培训委总监，高级记者。

靠山

铁流 著

北京：人民文学出版社

青岛：青岛出版社，2021

ISBN 978-7-02-016535-3

专家荐语

长篇报告文学《靠山》，是第十六届全国精神文明建设"五个一工程"获奖作品，是一部反映人民群众革命战争年代踊跃支前的倾情厚重之作，既大气磅礴，又深刻厚重。

这是一部艺术佳作，也是一部哲思之作。作品深刻揭示了战争的伟力之最深厚的根源存在于民众之中的哲理，全面深刻系统地回答了"谁是谁的靠山"的问题。一方面，人民群众是党和人民军队最有力的靠山；另一方面，党和人民军队也是人民群众最坚强的靠山。

一个个带着温度的故事，会让每一个读到这部作品的人被深深地感动。"江山就是人民，人民就是江山"，无论什么时代，人民都是最有力的靠山。这是每一个读《靠山》的人都会得出的一个最终结论和最大启示。

专家简介

陈文东 山东省作家协会副主席、创联部主任，主任编辑，《山东作家》主编，山东作家网主编，《百家评论》杂志社社长。

山东音乐文物史

温增源　著

济南：齐鲁书社，2021
ISBN 978-7-5333-4485-6

专家荐语

从文物的视角书写山东区域古代音乐史

该书是作者潜心山东古代音乐整理研究 30 余年写成的集成力作。全书以山东地区历年出土和传世的 500 余件音乐文物为研究对象，充分利用文献记载，深入挖掘蕴藏在音乐文物身上的厚重广博的文化内涵以及精到致用的音乐性能和乐律学技术规范，清晰地勾勒出山东传统音乐文化的发展脉络，为填补中国和世界古代音乐史某些空白、改写古代音乐史研究的谬误提供了思路。全书共分十六章，大致以时间为脉络，涵盖了乐器、乐舞陶俑、汉画像等广义上的音乐文物，深入到中国传统礼乐文化的思想层面。作者从文物的视角，以考古学方法书写音乐史，用乐律学的方法感知文物内涵，是一部富有深度和温度的山东区域古代音乐史。

专家简介

王玉梅　山东省图书馆党委委员、副馆长，图书资料三级研究馆员，国家标准《中国图书馆分类法》第七至九届编委会委员，中国图书馆学会地方文献专业委员会委员。

文物里的故事系列（3册）

金陵小岱、王征彬　著

济南：山东人民出版社，2022

ISBN 978-7-209-13553-5

ISBN 978-7-209-13552-8

ISBN 978-7-209-13551-1

专家荐语

　　汉、唐、宋，是中华民族五千多年文明史的高光时刻：从薄如蝉翼的素纱禅衣、暗藏"高科技"的长信宫灯，到有着"秘色"之谜的青釉盘碗、记录着苏轼落寞时光的《寒食帖》，以及神秘的"藏着宇宙星空"的茶盏……穿越千百年岁月沧桑，从历史的深处款款而来的文物，带给了我们一个五彩斑斓的世界：那些生动而有趣的故事，既有踌躇满志的激情，也有壮志未酬的悲叹；既有令人赞叹的高洁，也有让人哭笑不得的荒诞……当小文物遇见大历史，相爱相杀，它们便有了生命，有了温度。它们不仅见证了中华民族的更替发展，还承载着我们先辈悲欢离合、酸甜苦辣的百味人生，更是数千年来祖先们智慧的结晶，是看得见摸得着的文明载体。它是繁华如梦的大唐，更是美了千年的大宋，它以璀璨光彩惊艳了我们的时光，一眼千年，一瞬永恒！

专家简介

　　许翠兰　《现代视听》执行主编，高级编辑。

中国北斗

龚盛辉 著

济南：山东文艺出版社，2021

ISBN 978-7-5329-5852-8

专家荐语

全书分为"凝眸神州""放眼亚太""极目寰球"三篇，全景式地记录了中国卫星导航工程建设，从"北斗一号"立项到"北斗三号"服务全球 26 年艰辛曲折的发展历程；立体地刻画了中国科学家在关键核心技术"要不来，买不来，讨不来"的困境下，不畏技术封锁、攻坚克难、自主创新、勇攀高峰的创新壮举；通过一个个感人至深的故事，热情地讴歌了北斗人在党的领导下创造的"自主创新、开放融合、万众一心、追求卓越"的新时代北斗精神。该书既是一部及时、生动、有力的报告文学，也是一曲献给新时代奋斗者、奉献者的壮丽赞歌。它是中宣部 2019 年主题出版重点出版物，是第十六届全国精神文明建设"五个一工程"获奖作品。

专家简介

陈文东　山东省作家协会副主席、创联部主任，主任编辑，《山东作家》主编，山东作家网主编，《百家评论》杂志社社长。

中国字 中国人

《中国字 中国人》编委会 编著
济南：山东友谊出版社，2022
ISBN 978-7-5516-2649-1

专家荐语

　　文字，是文明的密码。中华文明赓续至今，文字起到的作用不可替代，在汉字中，我们可以了解到，中国为什么是中国，中国人为什么是中国人。《中国字 中国人》就是这样一本书，在数万个汉字中，以"自律助人""孝老爱亲""服务利他""节俭绿色""共建共享""和合大同"为主题，精选与之对应的 107 个字，寻根溯源，把演变的过程以及文化内涵讲得深入浅出，既具有可读性又融教化于无形。让人通过中国字更好地理解中国人，认识每一个奋发拼搏、努力生活的中国人背后的精神支撑。见字如面，见中国字，如同和博大精深的中国文化面对面，可以交谈，更可以交心。

专家简介

　　魏新　文化学者，全国政协委员，全国青联常委、山东省青联副主席。

中国灭绝与再发现植物手绘图鉴

贺然、王英伟、孙英宝　主编

济南：山东科学技术出版社，2021

ISBN 978-7-5723-0153-7

专家荐语

如果有人告诉你，被誉为"茶马古道上的隐士""变幻莫测的雨林精灵""石缝中的秀珍兰花"等的众多珍稀植物都统统湮灭、永远消失于地球上时，你会不会扼腕叹息、伤心欲绝，进而对生物多样性的现状感到忧心忡忡？如果有人告诉你，已经被科学家郑重宣布绝灭已久的这些"隐士""精灵"们又再次被发现，又重新回到大自然这个所有物种的共同家园时，你会不会倍感欣喜、重又燃起对地球生态的希望之火？当《中国灭绝与再发现植物手绘图鉴》放到我手上的那一刻，我恍惚觉得它不是一本书，而是一群执着于生态保护、植物学研究和唤醒大众环境意识的科学家、艺术家、出版人捧出的一颗颗鲜活驿动的心，填写的一阙阙唯美婉约的词，勾勒的一幅幅简约传神的画，它所传递出来的严谨、热爱、责任、使命，都能拨动心弦、直抵心扉。

审美，是高阶的享受。在审美享受的过程中，与地球环境、与人类命运、与作为一个公民的意识觉醒，悄然发生了一次神秘邂逅，代入了一场同频共振，无疑是这本书最值得推荐的理由。我若不负青山，青山定不负我。让我们走进这个独特的生命体系，开启一场与"隐士""精灵"们的灵魂约会吧！

专家简介

于明梓　齐鲁工业大学档案馆、博物馆馆长，副研究馆员。

地球不能没有动物（10 册）

林育真　著

济南：山东教育出版社，2022
ISBN 978-7-5701-2212-7

专家荐语

不得不说，孩子天生就与动物亲近，和动物相关的科普读物一直都是孩子们的最爱。好的科普图书就有这样的魔力，不仅可以拓展知识面，更能丰富想象力。如果你的孩子也想走进熟悉又陌生的动物世界，不妨一读"科普林奶奶"的"地球不能没有动物"吧。

一位耄耋老人，在大学教授动物学几十年，退休后爱上了动物科普。为了帮助广大青少年科学地、准确地、兴趣盎然地认识动物，创作了"地球不能没有动物"这套科普书。这套书内容丰富、易懂好记、语言生动、附图精美，获评 2020 年度全国优秀科普作品和 2022 向全国青少年推荐百种优秀出版物。在科普和趣味性阅读中，让爱护动物成为自觉，让见树更见鸟的意识根植人心，让云南野象的奇幻旅程更能展示我国人与野生动物和谐共处的良好局面和生态文明建设的巨大成就。

地球是我们共同的家园，人与动物的友好对话，也是在教导人类谛听自然、审视自我，同时增长希望，安抚不安。对自然万物的深情，情同手足之情，本身就有超越的意义。

专家简介

姜宝良　山东大学图书馆原副馆长，副研究馆员。

琴声飞过旷野

徐贵祥　著

济南：明天出版社，2022

ISBN 978-7-5708-1021-5

专家荐语

　　《琴声飞过旷野》由茅盾文学奖获奖作家徐贵祥所著。本书讲述的是韩子路、秋子等一群乡村戏班的孩子们在烽火岁月中成长蜕变的故事。故事虽有战争的历史背景，却没有对宏阔跌宕的战争场面的过于渲染，作者文笔细腻，语言质朴又不失幽默，从一件件少年生活的小事写起，将战争缝隙里的甘与苦、悲与欢娓娓道来。青少年阅读时会在不知不觉中受到心灵的洗礼，感受着同龄少年积极乐观的人生态度、对知识的可求和勇于担当的品质，感受着党的历史发展、信仰的力量和生命的韧性。

专家简介

　　孟萍　齐鲁师范学院学前教育学院讲师，中国儿童文学研究会山东研究院阅读指导中心副主任，百班千人幼儿阅读研究院研究员。

少年读山海经（3 册）

刘兴诗　著

刘瑶　绘

青岛：青岛出版社，2021

ISBN 978-7-5552-9773-4

ISBN 978-7-5552-9774-1

ISBN 978-7-5552-9775-8

专家荐语

　　《山海经》是我国古代的一部奇书，是先民对生产和生活的咏唱，是一个阶段人文、历史、科学的总结，对后世影响深远。关于山海经的读本很多，但这套书是少有的。《少年读山海经》的作者是地质学家、科普作家刘兴诗。他基于自己的专业背景，从多角度生动地讲述了《山海经》中地理现象、矿藏生物知识以及海内、海外的奇闻趣事，还有古老的神话传说。作品文图结合，设计精美，语言深入浅出，通俗幽默，阅读时如聆听邻家老爷爷讲故事一般轻松、有趣，引人入胜。青少年在丰富认知、聆听故事的同时，感受古人的探索精神，启发思维，走进一个不一样的世界。

专家简介

　　孟萍　齐鲁师范学院学前教育学院讲师，中国儿童文学研究会山东研究院阅读指导中心副主任，百班千人幼儿阅读研究院研究员。

特别奖作品

装帧设计奖作品

母亲河

唐玮 著

王克举 绘

济南：山东人民出版社，2021

ISBN 978-7-209-13191-9

专家荐语

黄河是母亲河，孕育了中华文明，母亲河的故事是每一个中国人都应该知道的故事。很多人特别是孩子们也许知道黄河、听过黄河，但不一定见过黄河，更不一定了解黄河所蕴含的深厚文化和丰富知识。《母亲河》从黄河的源头开始讲述，以开阔恢宏的油画画面、富有诗意的文字描述多维度呈现了黄河流域的地理、历史与民族文化，是一本知识型绘本，无论孩子、青少年还是成人，只要拿起本书，在阅读中都会有不一样的收获。

本书著者唐玮，是山东艺术学院副教授。绘者王克举，是中国当代油画艺术家，他也是百米《黄河》油画长卷的作者。而这本同样描绘黄河之美的《母亲河》，可以说是百米《黄河》油画的缩小版，对于阅读者来说，真正的大师级油画，在这本绘本中就能欣赏到，它的艺术感染力、对审美力的提升就不言而喻了。

这本书很巧妙地从颜色出发，你以为黄河只是黄色的吗？并不是，"她常常用不同的颜色装扮着自己和身边的朋友"，于是我们在书中能看到一个色彩斑斓的黄河。另外，书中还有很多与黄河有关的风景与地点，以及生活在那里的动物们。星宿海、扎陵湖、达日果洛草原、炳灵寺、库布齐沙漠、大阴山、小浪底……还有藏羚羊、黑颈鹤、旱獭、秃鹫……甚至还提到了民歌、方言、民间手工艺品……相关知识丰富、涵盖范围广，读了自有收获。

《母亲河》立足主题出版，以儿童视角，通过颇有创造性的油画以及通俗易懂的语言，向阅读者讲述了黄河的故事，让阅读者在翻页中感受祖国的壮丽山河，阅读自然之美，体验艺术之美，学习黄河沿途丰富的历史、地理、生态与文化知识。可以说，《母亲河》是一个讲好黄河故事，增强民族自信的重要窗口，能够让读者们特别是孩子们真正感受黄河之美，增强作为中国人的自豪感，从而认识母亲河，保护母亲河。

专家简介

袁霞　博士，山东银座幼教集团党总支书记、董事长，正高级教师，全国优秀园长。

主题出版奖作品

国家行动：麻风防治的中国模式和世界样板

杨牧原、杨文学　著

济南：山东文艺出版社，2021

ISBN 978-7-5329-6121-4

专家荐语

这是一部生动的文学化的国家麻风病防治史，是对麻风防治的中国模式和世界样板的真诚描摹。打捞沉睡的记忆，需要持久的耐心。我们的先辈付出了，脚踏实地地做到了。新中国成立之初，麻风肆虐，谈"麻"色变，山东三代麻风病医生挑战顽恶瘴疠，用95年无怨无悔的生动实践，用青春和汗水、泪水乃至血水向时代交出了优秀答卷。本书作者自觉走向受众罕闻的人群和人迹罕至的"治麻"领域，占有大量第一手资料，并将这些资料打碎梳理，以现代意识予以观照，把普通人身上的光泽擦亮。难能可贵的是，他们没有止步于一般化的叙述，而是进入持久的深究，从看得见的病毒的外在表现，到看不见的心灵病毒，从麻木的眼神，到蹒跚的步履，一点点地探寻，让文本有了温度、厚度和深度。这本书让我们记住了那些可敬、可爱的温暖背影。

专家简介

逢春阶　山东省政协委员，中国作协会员，山东省散文学会副会长，山东省报纸副刊研究会副会长兼秘书长。现为大众报业集团培训委总监，高级记者。

中华优秀传统文化奖作品

历代图案之美

郑军 著

济南：山东画报出版社，2022
ISBN 978-7-5474-3888-6

专家荐语

　　文物，记录过去，映照当下，启迪未来。文物所承载的中华文化精神，始终在滋养着我们。2013 年 11 月，习近平总书记在考察山东时发出大力弘扬中华优秀传统文化的号召，提出创造性转化、创新性发展的要求。本书围绕数千年来中国图案的产生和发展，深入浅出，跨越上下7000 年，从远古的蛙鸟虫鱼到商周的饕餮兽面，从列国的蟠龙飞凤到两汉的云气仙人，从唐宋的联珠宝相到明清的福禄寿喜，系统介绍了各时代的图案重点以及产生的背景、流行的原因，并深度解读这些图案的含义与艺术特点。图案纹样从何而来？又如何变化？一帧小小的图案，彰显了不同时代人们的万种情愫，隐藏了中华优秀传统文化的基因密码。这些美轮美奂的图案既紧密贴近了生活，又充分利用了当时的科技新成果，唯其如此，才真正具有了旺盛的生命力，滋养当下，创新未来，以绵亘不断之发展，让中华文脉永续传承，永无止境。

专家简介

　　许翠兰　《现代视听》执行主编，高级编辑。

推荐奖作品

不再遗忘：一战西线华工

张汉钧　著

济南：山东人民出版社，2021

ISBN 978-7-209-11890-3

本书让百年前漂洋过海的华工形象重新出现在我们面前，根据真实可靠的史料，再现一段意义深远却鲜为人知的中国劳工参与一战的历史。

一战期间，14万华工因缘际会地成为中国派往世界的"使者"。华工们吃苦耐劳，心灵手巧，是挖战壕、修铁路的专家，甚至搏杀于前线，为中国赢得了很高的声誉；他们是中国国际化进程中平民参与的代表，为中国参战和加入巴黎和会做出了不可磨灭的贡献；他们还成为晏阳初等一代中国精英的老师……华工们参与一战，无疑是中国近代的惊天之举，也是世界领域的动地之事。本书展现一战西线华工，让人们不再遗忘历史，珍爱和平。

大罗庄——一个村庄与一个政党的百年长征

姜成娟　著

济南：山东教育出版社，2021

ISBN 978-7-5701-1732-1

山东莒县是滨海抗日根据地的发端地和核心区。大罗庄是莒县的一个村庄。

长篇报告文学《大罗庄——一个村庄与一个政党的百年长征》讲述了宋寿田、宋维运等大罗庄优秀中国共产党员的事迹，他们分别在新民主主义革命时期、社会主义革命和建设时期、改革开放和社会主义现代化建设新时期等各个历史阶段为党和人民做出了突出贡献。

大罗庄百年发展的历程浓缩了中国共产党团结带领中国人民进行革命、建设、改革的历史，这期间大罗庄一代代共产党员的本色精神得到传承，也折射出山东根据地人民对党忠诚、永远跟党走的政治觉悟。

地下秦朝

张卫星　著

济南：山东文艺出版社，2022

ISBN 978-7-5329-6557-1

　　《地下秦朝》是秦始皇陵考古队前队长张卫星积淀20年的倾心力作，他曾双脚踏在"二号坑""百戏俑坑"等挖掘现场，用几代秦陵考古人的专业传承、20年研究成果和大量考古实践，讲述世所罕见的秦陵考古现场，揭秘不为人知的历史细节和真相，还原游走在文学和秘史边缘的科学和事实，专业度满分，内容全面且极具代表性。

　　关中平原，骊山北麓。70万人，耗时38年营建秦帝陵。这是一座陵墓：巨大封土，九层高台，上具天文，下具地理。这是一个帝国：墙垣纵横，道路交通，水银江河，奇珍异宝，以及严阵以待的兵马俑军团。这也是考古现场：航空遥感、科技物探应用其中，拼接甲胄秦俑，复原始皇容貌，几代考古人接续努力。这里封存着一个震惊世界的地下秦朝，还有更多未解之谜尚待发掘。

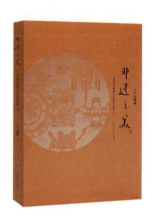

非遗之美：山东省非物质文化遗产赏析 2

王传东　主编

济南：山东教育出版社，2021
ISBN 978-7-5701-1803-8

　　"非遗之美：山东省非物质文化遗产赏析"系列图书是山东省非物质文化遗产普及读本，收录了山东 200 余种非物质文化遗产，涵盖了 30 多种山东传统的手工技艺，用图文并茂的形式把齐鲁大地的宝贵财富完整地记录下来。

　　本书出版的目的是想通过对山东非遗项目中传统美术、传统手工技艺的多方位介绍，展示山东省非遗保护成果，让读者了解山东丰富多彩的非遗文化。本系列丛书所介绍的 30 多项非遗项目，多数为山东省具有代表性的非遗项目，通过它们，我们可以了解齐鲁大地的民风民俗。本书所附图片中，有非遗传承人的代表作品，也有学员的佳作，是读者了解齐鲁文化，了解山东传统美术、传统手工艺的佳作。

光耀齐鲁——100个山东优秀共产党人的故事

百集微纪录片《光耀齐鲁》创作组　编
济南：山东人民出版社，2021
ISBN 978-7-209-13469-9

为庆祝中国共产党成立 100 周年，按照山东省委宣传部的前期策划和部署要求，山东广播电视台推出百集微纪录片的同名视频书《光耀齐鲁——100 个山东优秀共产党人的故事》。

纪录片以中国共产党百年历程为背景，通过讲述革命、建设、改革各个历史时期 100 位山东籍以及为山东做出重大贡献的中国共产党的优秀代表人物、革命英烈和劳动模范的故事，展现在中国共产党领导下，齐鲁儿女在各个历史时期进行的可歌可泣的斗争和无私奉献的感人故事。

同名图书是在纪录片脚本创作的基础上，配插相关历史图片和拍摄镜头截图，以图文融合的方式呈现的。书中配有大量珍贵的图片，用细腻的文字和细节讲述一个个生动的故事，尽显 100 位山东优秀共产党员的风采。

海洋先驱唐世凤

刘宜庆　著

青岛：中国海洋大学出版社，2022
ISBN 978-7-5670-3074-9

　　这是海洋学家唐世凤先生的首部传记。本书以翔实的史料、生动的文笔，还原唐世凤的人生轨迹和精神境界，钩沉从事海洋调查的过程、足迹留在中国沿海的历史功绩。本书还是一部海洋科普之书，一本海洋学发展简史，一曲科学强国的交响。书中展现生物学家、海洋学家的群像。唐世凤提携、培养了郑执中、丘书院、徐恭昭、郑文振、尤芳湖、陈宗镛、施正铿、陈则实等海洋学人。从秉志、伍献文、唐世凤、陈宗镛几代科学家的中国梦，可以清晰地看出一条跃动的红线——矢志不渝，丹心报国。

何以孔子

孔繁轲　著

济南：山东友谊出版社，2022
ISBN 978-7-5516-2311-7

一百个人眼中有一百个孔子。世间关于孔子的话题五花八门，研究孔子的著作汗牛充栋，传记类作品亦屡见不鲜。但是，以孔氏后裔的特殊身份刻画孔子，并熔宏观与微观、哲思与实践于一炉的文学作品则少之又少。当此之际，《何以孔子》打破了前人的写作窠臼，以与众不同的方式应运而生。

本书立足于弘扬以儒学为代表的中华优秀传统文化，以孔子第 N 代孙的独特视角，采用祖孙书信对话的时空穿越方式，通过 57 封沉甸甸的书信，回溯了孔子坎坷而丰盈、平凡却光辉的生命历程，平实生动地阐释了孔子的仁爱思想、忠恕之道、君子人格，深入思考了孔子及儒家思想与当代中国、当今世界的关系。

该书集故事性、学术性、思辨性于一身，矫正了以往人们对孔子的思维偏见，剥落了附着在孔子身上的不实之词，还原了身为"至圣先师"的孔子，呈现了博大精深的儒家思想，回答了"何以孔子"的历史之问、当代之问、未来之问。

红色科学路——山东科学家传记（2册）

王晶　主编

济南：山东人民出版社，2021

ISBN 978-7-209-13238-1

　　本书是"山东科学家传记"丛书的首卷，分为上下两册，记录了余松烈、束怀瑞、王文兴、李庆忠、沈忠厚、宋振骐、雷霁霖、文圣常、杨仁中、曾呈奎、张灿玾、郭永怀、胡昌浩、袁益让、曹本熹、潘承洞等16位山东籍及住鲁老一辈科学家的学术成长之路，记述了他们大爱无疆、以身许国的爱国主义精神，值得每一位中国人学习。

　　科学家们的学术研究涵盖作物栽培学、果树学、环境化学、石油地球物理勘探、油气井工程、矿山压力及岩层控制学、海水鱼类养殖学、物理海洋学、康复医学、海洋生物学、中医药学、力学、数学、化学工程学等众多科学领域。

假如历史是首诗（2册）

刘应、刘威　著

济南：山东科学技术出版社，2022
ISBN 978-7-5723-1203-8
ISBN 978-7-5723-1204-5

　　《藏在古诗词里的盛唐史》《藏在古诗词里的两宋史》是根据最新义务教育课程标准创作的，涵盖教学大纲及语文课本中的所有唐诗、宋词，共计159首，内容丰富，实用性强。采用唐、宋名家名作作为插图，让孩子更加直观地窥探唐宋历史发展的全貌。

　　全书考据精到，尽可能整合历史资料和逸闻趣事，将中小学生必背古诗词与唐宋历史融为一体，认真剖析每首诗词背后的人物生平、趣味故事和历史脉络，尽可能还原一个个真实的诗人，让孩子爱上诗词，爱上语文，爱上历史。

孔门十哲

潘恩群　著

济南：山东教育出版社，2022
ISBN 978-7-5701-2004-8

　　《孔门十哲》演绎孔门弟子故事，还原孔子育人情境，提升立德教育内涵，传承论语人文精神，感悟君子成长之道，弘扬传统文化。

　　全书以《论语·先进》"孔门十哲"章句为本书人物框架顺序，体现每名弟子年龄成长过程，依次为十名孔门弟子故事立传。针对每名孔门十哲，通过《孔子家语》《左传》《礼记》《史记》《孔丛子》等有关德行资料，借助《论语》中孔子对弟子的教导、评价关联章句，进行合乎情理的故事演绎。每名孔门十哲人物的故事，都与孔子教诲关联，每个故事内容相对完整，而故事之间，体现了孔门弟子自幼及长的成长升华历程。

人的存在之思：马克思哲学再诠释

何中华　著

济南：山东人民出版社，2022
ISBN 978-7-209-13349-4

本书力图揭示马克思哲学立足于人的存在的历史展现及其完成所作的独特叙事，以深度呈现它所特有的运思方式及其优点，为我们更深刻地理解和把握马克思哲学及其特质提供某种启示。本书以马克思哲学的文本为依据，批判地吸收和借鉴学界现有成果，并在此基础上有所突破和创新，展现了马克思哲学的独特魅力。全书重点考察马克思哲学的现象学意味，并把它置于"世界历史"语境中联系中国道路的选择来加以探究，以凸显我们的"此在"性。

山东味道

郝桂尧　著

济南：山东人民出版社，2022
ISBN 978-7-209-13917-5

　　本书讲述山东美食故事，记录山东人的饮食文化，是一部关于山东餐饮发展及其文化风情的作品。全书共九章，分为"鲁味之源""菜系之首""和美之道"三篇，时间跨度近万年，从人类主食和副食的起源说起，以中国饮食文化发展史为背景，突出山东饮食的地域，讲述齐鲁食物的发展史，而且还涉及齐鲁大地的各类物产、小吃，鲁菜的形成、代表性菜系，名店名厨，文化交流对于饮食的影响等方方面面，并对山东餐饮文化的现代化、国际化、产业化进行了深入思考。

太平洋探险史：从库克船长到达尔文

［英］奈杰尔·里格比、

［英］彼得·范德默、

［英］格林·威廉姆斯　著

胡晓红　译

济南：山东人民出版社，2022

ISBN 978-7-209-13571-9

本书主要介绍了欧洲人于 18 世纪 60 年代至 19 世纪 30 年代在太平洋的航行历程，包括库克的三次探险之旅，以及欧洲其他国家的探险历程，最后还详细阐述了"小猎犬"号的探险活动。在各种探险故事中，介绍了在探险历史中具有影响力的人物，通过对他们生平的介绍来反映他们对历史的贡献。

全书按照时间的顺序来介绍欧洲的航海史，向读者介绍不同航海之旅中的故事。因为探险航行，航海家发现了新大陆。跟随航海家们的步伐，聆听航行中的各种故事，在太平洋中的岛屿探险，认识各地的土著居民。

书中各种画家的画作是航行史中的遗留珍品。每次航海探险，航海家们都会画出航海图，而随船的画家们则将沿途的所见画出来，这些都是珍贵的历史见证物。如达尔文就随着"小猎犬"号一起航行，此次航行为他的"物种起源"理论的提出奠定了基础。

泰山何以独尊：中华历史文化大背景下的泰山

鹿锋　著
济南：山东画报出版社，2021
ISBN　978-7-5474-3886-2

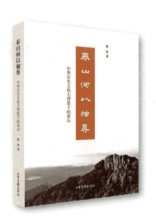

　　本书收录了作者几十年来发表和创作的关于泰山文化的文章，从七个维度展开书写作者心中的"大泰山"，泰山之大主要体现在大历史背景角度，即"从历史看泰山，内涵之大""从泰山看历史，双向时空之大""从今天看泰山"三个方面。历史是泰山人文形象的塑造者，泰山亦可作为见证历史的多棱镜。从与泰山相关的物、事、人角度看历史，可以由点到面地观测洞悉到历史的另一种镜像。作者在具体的写作方式上选用散文学术化的书写方事，力求语言生动平易，使关于泰山的研究成果能以更亲切、更有趣味的样貌走出书斋、走向大众。

我们，从未忘记——"英烈面孔"背后的故事

林宇辉　绘

济南：山东美术出版社，2021

ISBN 978-7-5330-8854-5

中国共产党成立以来，无数革命先烈抛头颅、洒热血，用生命照亮中华民族前进的道路。历史不能忘却，英雄的历史更不应忘记。可是有很多先烈由于牺牲年代久远，没能留下一张照片，烈士的家属只能对着夜空遥祭哀思。"神笔警探"林宇辉为100名革命先烈免费画像的公益行动，不仅圆了烈士亲人的梦，而且让历史中的英雄更加清晰、更加可感。林宇辉在用画笔帮烈士家属找回亲情和记忆。本书是对百位烈士画像及烈士的英雄事迹、背后的故事的整理集结。

中国传统文化精神

楼宇烈　著

济南：济南出版社，2022
ISBN 978-7-5488-4905-6

　　本书围绕"中国传统文化的核心价值""增强中华文化主体意识"两大主题，深入探讨传统文化的思想精华、深刻内涵和根本精神，并力倡在当代语境下要唤醒、增强文化的主体意识。作者有着强烈的历史使命感，曾发出"不认同文化传统，就是不认同历史"的时代强音，矢志不渝地践行人文主义哲学精神，为继承和弘扬优秀传统文化做出巨大贡献。

中国瓷鉴

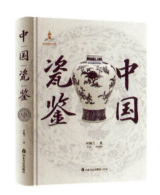

叶佩兰　著

济南：山东友谊出版社，2022

ISBN 978-7-5516-2576-0

本书突破了过去著作按年代顺序叙述的习惯，以老一辈专家总结的古陶瓷鉴定"五大要素"即胎、釉、造型、纹饰、款识五个方面为本书的骨架，每章都作基本知识的介绍，同时结合仿品状况加以对比说明，意在进一步提高收藏爱好者和初学者对古瓷器鉴赏的理解与研究，从而加深对我国古代传统文化的理解。

中国古代陶瓷器有着上千年的历史。从商周时期起，各个不同历史时期的文物都有着不同的时代风格，每一件古代陶瓷器都是考古、美术和科学的珍贵研究对象。辨别古代器物的真伪，是研究、继承和弘扬中华优秀的传统文化的基础。掌握文物的常规鉴定知识，包括古代瓷器的胎、釉、造型、纹饰、款识等方面特征，结合现代科技鉴定手段，并以考古资料、文献等为辅助，方能提高对中国古代瓷器的理解能力与鉴赏水平。全书收集参考图片 600 余幅，以故宫博物院的藏品为主，还参阅了大量国内外博物馆发表的图书资料、各专家学者们的研究成果以及考古发掘报告，还有作者在实际鉴定工作中所拍摄的罕见之物。这些宝贵的资料使本书图文并茂、图随文出，文字与图片客观、翔实、准确，将鉴定知识最直观地介绍给读者。

中国的运河

史念海　著

济南：山东人民出版社，2022

ISBN 978-7-209-13695-2

　　本书是历史地理方面的里程碑作品。由著名历史学家顾颉刚指定书名并审校，体现了历史地理学先驱史念海先生的治学创举，是史念海先生推进历史地理学发展的重要成果之一。

　　全书以运河变迁为切入点，网罗历史事件与其中的人事变动，反映了人与自然相互作用、相互影响的辩证关系。它让我们看到了运河那交织着无数赞歌和悲剧的历史，也为我们展示了一幅幅与运河的盛衰息息相关的社会图景。史先生的《中国的运河》兼合了历史的质感和现实的品格，开启了当代中国运河历史研究的先河。

　　本书内含精修47幅地图及四色精美印刷的《京杭大运河》长幅图册，直观地展现了运河的历史地理变迁。

中国世界自然遗产及自然与文化双遗产全记录

于海广　主编

济南：齐鲁书社，2022

ISBN 978-7-5333-4562-4

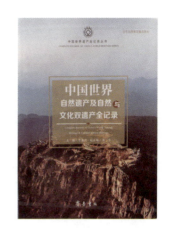

　　中国辽阔的疆域承载了丰富的自然遗产，悠久的历史孕育了深厚的文化遗产，而"天人合一"的思想又成就了中国独特的自然与文化双遗产。

　　本书包括了泰山、黄山、武夷山等自然遗产及自然与文化双遗产18处，不仅可以让我们了解中国所拥有的世界自然遗产及自然与文化双遗产的基本情况，也对加强这些遗产的传承和保护具有积极意义。

中华文化海外传播简史

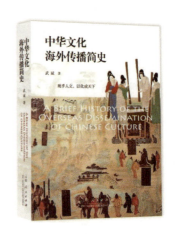

武斌　著

济南：山东人民出版社，2022
ISBN 978-7-209-13596-2

　　本书简略地叙述了中华文化在海外传播的历史过程，由近及远地记述了中华文化在不同地域和民族中产生的影响和作用，深入阐述了中华文化海外传播的几次高潮，即汉代、唐代、元代和明清时期，重点讲述了海外传播史上的重要人物和重要事件，揭示了中华文化的世界价值，彰显出中华文化的丰富性、先进性和开放性。

　　全书图文并茂、内容丰富，视野开阔、见解精深，是一本了解中华文化海外传播史的简明读本。

餐桌上的中国

刘朴兵　著

济南：齐鲁书社，2022

ISBN 978-7-5333-4535-8

　　中华美食是世界公认的三大美食之一（另两个是法国美食和意大利美食）。与其他国家的美食相比，中华美食有不少独具特色的优点，中国人的生活总是围绕着饮食这个中心展开。

　　全书围绕着餐桌这个意象，从食物变迁、饮食器具、烹饪方式、餐饮方式、餐桌礼仪、中西餐饮文化差异等角度，梳理中国饮食文化史。本书图文并茂，是一本可读性强的中国饮食文化史通俗读本。

跟着蛟龙去探海（4 册）

刘峰　总主编

青岛：中国海洋大学出版社，2021
ISBN 978-7-5670-2754-1
ISBN 978-7-5670-2753-4
ISBN 978-7-5670-2752-7
ISBN 978-7-5670-2755-8

"可上九天揽月，可下五洋捉鳖"，这是中华民族千百年来的梦想，如今经过一代代人的艰苦奋斗，已经成为现实。在这个海洋面积占 71% 的星球，"蛟龙"号的存在，是国家推进海洋探索的重要保障，是勘探海洋资源的重要利器，是未来海洋竞争的重要力量。

《探海重器》讲述了深海潜水器的相关内容，带领读者了解我国"蛟龙"号深潜器；《海底奇观》讲述了海洋深处的大陆坡、海底峡谷、大洋中脊等奇异景观；《奇妙生物圈》带领大家来探秘"蛟龙"号等深潜器镜头下的那些不为人知的奇异的深海生物；《深海宝藏》从深海生物资源、深海药库、深海矿产资源等几个方面来给大家介绍深海拥有哪些独特的资源。

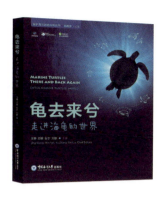

龟去来兮：走进海龟的世界

王静、范敏、张宇、刘敏　主编

青岛：中国海洋大学出版社，2022

ISBN 978-7-5670-3164-7

本书不仅系统性地介绍了海龟的生态学、生命史等知识，还为小读者们展示了海龟保护工作者们在响应《海龟保护行动计划》和保护海龟过程中的各种努力，是一本集科学性、趣味性于一体的好书。

书中一个个"真实的故事"告诉我们，每一只海龟都是生命的奇迹，值得我们认真守护。本书意在让读者加入"拯救海龟大作战"，减少使用塑料制品，减少向海洋丢垃圾，拒绝购买海龟及其制品，把海龟的科普知识和保护海龟的重要性告诉给身边的每一位朋友。

生命礼赞：追寻演化的奥秘

苗德岁　著

青岛：青岛出版社，2022

ISBN 978-7-5736-0011-0

本书是古生物学家苗德岁教授送给青少年的礼物之书，兼具科学性、文艺性、趣味性。本书从生物演化的角度，用严谨、通俗且不乏诗意的语言，向读者展现了生命演化的史诗般恢宏场面，具体包括生命的起源、生物的遗传与变异、生物演化的证据、生物对环境的适应性等，并涉及基因、细菌、病毒等当下热点，揭开生命的硬核内涵，让人不禁感叹生命世界之壮美。

藏在课本里的美食地图

陈峰 编著
济南: 山东人民出版社, 2021
ISBN 978-7-209-10591-0

本书以展现中华美食的文化底蕴为主题, 以课本中出现的美食为线索, 挖掘不同地域美食背后的历史文化, 让读者在了解饮食文化、品味传统民俗的同时, 更加热爱生活、热爱家乡、热爱祖国, 感悟博大精深的中华优秀传统文化。

全书分为"节日的味道""尝鲜人海间""逛逛街边摊""至味在家乡"四辑, 书中每篇文章分为四大板块:"舌尖上的课本"对原文进行简单介绍, 引出涉及的主题食物;"美食直通车"详细讲解, 展现了不同地域食物背后的美食文化, 丰富学生的知识储备;"知识杂货铺"收集了藏在美食中的地理、人物、历史、民俗、植物、典故、建筑、曲艺等冷门小知识, 拓宽视野;"传统文化故事馆"是从国内外范围内遴选出与这一食物主题相关的知识, 跳出课本, 提升阅读的趣味感。每篇文章配以精美插图, 阅读轻松又有趣!

草原寻马

鲍尔吉·原野　文

苗瑞　图

济南：明天出版社，2022

ISBN 978-7-5708-1246-2

本书是鲁迅文学奖得主鲍尔吉·原野写给孩子的诗意自然图画书。在一个宁静的夏日黎明，爸爸带着儿子朝格从蒙古包出发，一起去寻找昨晚没有回归马群的母马海拉苏和马驹兴安。一路上，朝格观察星空、大地、花草、晨雾和草原上的生灵，父子俩在一问一答之间铺展开一幅人与自然和谐共生的美好画卷，传达出人对自然万物的尊崇与敬意，以及成长路途中爱与陪伴的融融暖意。这是一趟怎样的探寻旅程？父子俩能找到母马与马驹吗？隽永诗意的故事、灵动生趣的画面以及精妙自洽的图文关系，共同演绎了一首悠扬舒缓的草原晨曲，引导孩子学会感知自然，敬畏生命，理解人与自然和谐相处的真谛，感受成长过程中亲情陪伴的美好与温暖。

戴面具的我

常新港　著

济南：明天出版社，2022

ISBN 978-7-5708-1304-9

　　本书是四次荣获全国优秀儿童文学奖、著名作家常新港 2022 年的全新力作，是一部聚焦代际冲突、探求破解路径的少年成长小说。作者用极具质感和力度的文字，讲述了少年老猫在与成人的对抗中寻求突围、实现和解的心灵成长故事，书写了一段儿子与父亲、学生与老师关系从碰撞、交锋，走向理解、包容的生命互哺历程。作者凝视成长深处，细密呈现了老猫、炸鸡、刘小溪等一群孩子不被理解的苦闷、彷徨和压抑，呼唤成年人用善意和耐心，以尊重和平视的姿态去消解隔膜，帮助孩子们摘下沉重假面，迎来心灵成长。

给孩子讲讲三星堆（3 册）

刘兴诗　著

刘瑶　绘

青岛：青岛出版社，2022

ISBN 978-7-5736-0187-2

ISBN 978-7-5736-0188-9

ISBN 978-7-5736-0189-6

　　"沉睡三千年，一醒惊天下。"随着三星堆遗址的考古发掘进展陆续公布，围绕三星堆"上新"文物与有关三星堆文明未解之谜的热议持续高涨。本书由国家科技进步奖获得者、地质学教授、史前考古学研究员、科普作家刘兴诗创作。全书共有 4 册，此次入选的 3 册为"走近古蜀文明""揭秘三星堆""探寻金沙古城"，把自然科学和人文科学结合起来，通过生动有趣的语言，跨学科、多角度地解读三星堆文明，探寻古蜀人的气候、饮食、居住、劳作、迁徙等生活片段，发掘其中隐藏的科学知识和中华文明精神，解说生动，思想包容。

花饽饽

张吉宙　文

谢秋颖　绘

青岛：青岛出版社，2022

ISBN 978-7-5552-4378-6

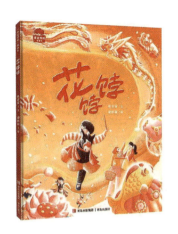

　　本书是冰心文学奖获得者张吉宙新作。花饽饽是我国胶东地区的非物质文化遗产。每一个花饽饽，都是从麦子开始的。一粒麦子经历拔节、抽穗、上场等诸多流程，才能被磨成面粉，然后经过和面、揉面、捏棉花、上色等许多流程，才能被蒸成花饽饽，过程漫长而烟火气十足。许多有纪念意义的日子里，都少不了花饽饽的身影：每个节日都有独特的花饽饽——二月二的圣虫花饽饽、三月三的春燕花饽饽、七月七的乞巧花饽饽等等。每个人生节点也有不同的花饽饽——寿桃饽饽、龙凤呈祥花饽饽、百岁花饽饽等等。花饽饽的造型也多种多样，有莲花形状的、鲤鱼形状的……最后，小主人公做了一个梦，在春天的田野上，和麦子一起成长。

噢！中草药

徐建明　著

孙文新　绘

济南：山东科学技术出版社，2021

ISBN 978-7-5723-0915-1

　　该书是专为少年儿童打造的中医药科普图画书。翻开书，各种各样的中草药跃然纸上。看似平凡的野花野草，其实是治病的良药；枝繁叶茂的树木不仅能净化空气，而且浑身都是宝；水边随风摇曳的蒲草、池中亭亭玉立的莲、海底绵绵飘动的海藻，都是可以治病的自然宝藏；我们每天都在吃的水果蔬菜和粮食谷物，竟然很多都是珍品药材；我们的祖先是如何发现这些植物和果实可以治病救人的呢？中草药是怎样被制作出来的呢？中草药在现代生活中又发挥着哪些重要作用呢？

　　本书给了孩子们一把打开中草药神奇世界的钥匙，既向孩子们展示了生活中常见、常用的中草药，又将科学之门留给孩子，引导孩子们去探索和发现，感受身边的中医文化，收获知识与快乐，向孩子们传达热爱自然的人文精神。

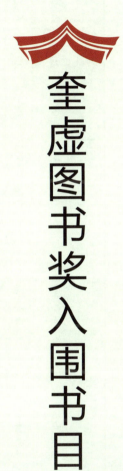

奎虚图书奖入围书目

第一届奎虚图书奖入围书目

编号	书名	责任者	出版社	ISBN	出版年份	类别
1	"二拍"与晚明文化变迁	郑亮著	齐鲁书社	978-7-5333-3097-2	2014	人文社科类
2	《金瓶梅》版本史	王汝梅著	齐鲁书社	978-7-5333-3408-6	2015	人文社科类
3	《孙子兵法》与李约瑟难题	张爱军著	中国海洋大学出版社	978-7-5670-0931-8	2015	人文社科类
4	《文心雕龙》与六朝文化思潮(修订本)	杨清之著	齐鲁书社	978-7-5333-3099-6	2014	人文社科类
5	安妮的记忆	[奥]梅普·吉斯、[美]艾莉森·莱斯利·戈尔德著;颜达人译	山东文艺出版社	978-7-5329-4739-3	2014	人文社科类
6	八牛营司	苗培兴著	黄河出版社	978-7-5460-0510-2	2014	人文社科类
7	半亩方塘	牛钟顺著	中国海洋大学出版社	978-7-5670-1008-6	2015	人文社科类
8	北欧:另一处人间	陈砚田著	山东文艺出版社	978-7-5329-4949-6	2015	人文社科类
9	本来没有艺术	王东声著	山东美术出版社	978-7-5330-4452-7	2014	人文社科类
10	遍地杏黄	曹华鹏著	山东人民出版社	978-7-209-08397-3	2014	人文社科类

编号	书名	责任者	出版社	ISBN	出版年份	类别
11	蔡志忠漫画彩版《论语》	蔡志忠编绘	山东人民出版社	978-7-209-09099-5	2015	人文社科类
12	蔡志忠漫画中国经典《西游记》（1—4）	蔡志忠编绘	山东人民出版社	978-7-209-08510-6	2014	人文社科类
13	陈介祺传	邓华著	齐鲁书社	978-7-5333-3304-1	2015	人文社科类
14	陈毅注沂蒙	郭广阔著	山东友谊出版社	978-7-5516-0529-8	2014	人文社科类
15	成功的失败者——张学良传	王充闾著	青岛出版社	978-7-5552-1312-3	2015	人文社科类
16	蚩尤考证	汪海波著	齐鲁书社	978-7-5333-3148-1	2014	人文社科类
17	楚辞	王承略、李笑岩译注	山东画报出版社	978-7-5474-0716-5	2014	人文社科类
18	传承记忆——非物质文化遗产代表性传承人寻踪实录（2卷）	王玮琦著	山东人民出版社	978-7-209-05779-0	2014	人文社科类
19	从日本人手中夺回的商代甲胄：齐鲁国宝传奇	钱欢青著	济南出版社	978-7-5488-1745-1	2015	人文社科类
20	村民自治到社区自治：农村基层民主治理的现代转型	李增元著	山东人民出版社	978-7-209-08763-6	2014	人文社科类

奎虚图书奖入围书目

（续表）

编号	书名	责任者	出版社	ISBN	出版年份	类别
21	毕淑敏经典散文	毕淑敏著	山东文艺出版社	978-7-5329-4561-0	2014	人文社科类
22	张抗抗经典散文	张抗抗著	山东文艺出版社	978-7-5329-4563-4	2014	人文社科类
23	大美齐鲁	钱欢青著	山东友谊出版社	978-7-5516-0915-9	2015	人文社科类
24	大中华赋：汉英对照	刘长允著；张兆刚译	山东人民出版社	978-7-209-08595-3	2014	人文社科类
25	第八个房子	［韩］金美月著；承梅、李龙海译	山东文艺出版社	978-7-5329-4511-5	2014	人文社科类
26	第二次世界大战回忆录（12册）	［英］温斯顿·丘吉尔著；贾宁等译	青岛出版社	978-7-5552-0078-9等	2015	人文社科类
27	第五战区	常芳著	山东文艺出版社	978-7-5329-4730-0	2014	人文社科类
28	城市表情	范小青著	山东人民出版社	978-7-209-08877-0	2015	人文社科类
29	女同志	范小青著	山东人民出版社	978-7-209-08879-4	2015	人文社科类
30	烽火硝烟中的英雄乐章	苏文蔡著	山东大学出版社	978-7-5607-5056-9	2014	人文社科类
31	根据地：中国共产党人不能忘却的记忆	李延国、李庆华著	泰山出版社	978-7-5519-0202-1	2015	人文社科类
32	古代《诗经》接受史	宁宇著	齐鲁书社	978-7-5333-3242-6	2014	人文社科类
33	古琴丛谈（修订版）	郭平著	山东画报出版社	978-7-5474-1504-7	2015	人文社科类

（续表）

编号	书名	责任者	出版社	ISBN	出版年份	类别
34	古人原来是这样说话的！	许晖著	青岛出版社	978-7-5552-1773-2	2015	人文社科类
35	国家记忆——一本《共产党宣言》的中国传奇	铁流、徐锦庚著	山东文艺出版社	978-7-5329-4469-9	2014	人文社科类
36	国史源	郇恒著	齐鲁书社	978-7-5333-3245-7	2015	人文社科类
37	国语	张华清译注	山东画报出版社	978-7-5474-0831-5	2014	人文社科类
38	汉字思维	申小龙等著	山东教育出版社	978-7-5328-7219-0	2014	人文社科类
39	机器人启示录	[美]丹尼尔·威尔森著；陈通友译	山东文艺出版社	978-7-5329-4455-2	2014	人文社科类
40	记住乡愁	庄乾坤著	山东人民出版社	978-7-209-08718-6	2014	人文社科类
41	济南古建筑轶事	晋葆纯、李亚菲著	山东大学出版社	978-7-5607-5148-1	2014	人文社科类
42	济南历代名士选传	吴汝连著	黄河出版社	978-7-5460-0626-0	2014	人文社科类
43	济南七十二名泉考疏证	陈明超著	济南出版社	978-7-5488-1260-9	2014	人文社科类
44	贾平凹纪事	王新民著	山东人民出版社	978-7-209-08986-9	2014	人文社科类
45	建筑的诗意	[英]约翰·罗斯金著；王如月译	山东画报出版社	978-7-5474-0993-0	2014	人文社科类

（续表）

编号	书名	责任者	出版社	ISBN	出版年份	类别
46	近思录	〔宋〕朱熹、〔宋〕吕祖谦撰；王广注	山东画报出版社	978-7-5474-1058-5	2014	人文社科类
47	读画——中国历代名画精赏	支英琦著	济南出版社	978-7-5488-1349-1	2015	人文社科类
48	吃墨——中国历代书法家名家珍迹钩沉	李建礼著	济南出版社	978-7-5488-1350-7	2015	人文社科类
49	九号崛起	〔美〕庞塔库斯·洛尔著；邓煜、王晓东译	山东文艺出版社	978-7-5329-4966-3	2015	人文社科类
50	酒暖风暖少年狂——陈独秀与近代学人	石钟扬著	山东画报出版社	978-7-5474-0959-6	2014	人文社科类
51	抗日风云	王圣芳主编	山东大学出版社	978-7-5607-5334-8	2015	人文社科类
52	考古济南——探寻一座城的文明坐标	钱欢青著	山东文艺出版社	978-7-5329-4729-4	2014	人文社科类
53	礼孟乡俗志	王世会著	泰山出版社	978-7-5519-0217-5	2015	人文社科类
54	宽容的接力棒——斯蒂芬·迈特卡夫著·迈特卡夫回忆录	〔英〕斯蒂芬·迈特卡夫著；李九红译	山东画报出版社	978-7-5474-1608-2	2015	人文社科类
55	老子	李秋丽译注	山东画报出版社	978-7-5474-1284-8	2014	人文社科类

（续表）

编号	书名	责任者	出版社	ISBN	出版年份	类别
56	历史的两面：动荡岁月的生活记录	［美］威尔斯·伊格尔斯，［美］格奥尔格·伊格尔斯著；孙立新、蒋锐等译	山东大学出版社	978-7-5607-4972-3	2014	人文社科类
57	梁晓声文集·长篇小说	梁晓声著	青岛出版社	978-7-5552-1319-2	2015	人文社科类
58	聊斋	蔡志忠编绘	山东人民出版社	978-7-209-07943-3	2014	人文社科类
59	论语的力量	张建云著	山东友谊出版社	978-7-5516-0598-4	2015	人文社科类
60	马克思主义与儒家文化：当代中国文化的传统与展望	刘志扬著	山东人民出版社	978-7-209-09049-0	2015	人文社科类
61	玫瑰和我们	方如著	山东文艺出版社	978-7-5329-4737-9	2015	人文社科类
62	明心见性	苏树华著	齐鲁书社	978-7-5333-3330-0	2015	人文社科类
63	牛老师和他的学生们	释修振著	山东大学出版社	978-7-5607-5001-9	2014	人文社科类
64	农民工家庭迁移决策与迁移行为研究	孙战文著	山东人民出版社	978-7-209-08914-2	2015	人文社科类
65	女人的手	［日］渡边淳一著；祝子平译	青岛出版社	978-7-5552-1741-1	2015	人文社科类

（续表）

编号	书名	责任者	出版社	ISBN	出版年份	类别
66	七千里流亡	刘可牧著	山东画报出版社	978-7-5474-1652-5	2015	人文社科类
67	七条命的狗	李西闽著	山东大学出版社	978-7-5607-5337-9	2015	人文社科类
68	亲爹亲娘	姜菊著	山东友谊出版社	978-7-5516-0493-2	2015	人文社科类
69	倾国倾城亦飘零——张爱玲	蒋心海著	齐鲁书社	978-7-5333-2797-2	2014	人文社科类
70	清代书法遗存审美意识研究	杨明刚著	山东人民出版社	978-7-209-09124-4	2015	人文社科类
71	秋雨合集（22册）	余秋雨著	山东教育出版社	978-7-5328-8574-9	2014	人文社科类
72	人只会老，不会死	钱佳楠著	山东画报出版社	978-7-5474-1283-1	2014	人文社科类
73	日本侵华图志（25卷）	张宪文主编	山东画报出版社	978-7-5474-1456-9等	2015	人文社科类
74	山东1945	奎延铭编著	山东人民出版社	978-7-209-08874-9	2015	人文社科类
75	山东集邮史	山东省集邮协会编；宋立华主编	黄河出版社	978-7-5460-0534-8	2014	人文社科类
76	山东民歌百首经典解析	张桂林、许琳琳、武凯编著	山东电子音像出版社	978-7-83012-089-4	2015	人文社科类
77	山东明清进士通览（2卷）	刘廷銮、孙家兰编著	山东文艺出版社	978-7-5329-4196-4	2015	人文社科类

编号	书名	责任者	出版社	ISBN	出版年份	类别
78	锦绣	付秀莹著	山东文艺出版社	978-7-5329-4483-5	2014	人文社科类
79	神鞭	马国庆著	山东人民出版社	978-7-209-08638-7	2015	人文社科类
80	诗经	胡长青注析	山东画报出版社	978-7-5474-1397-5	2015	人文社科类
81	世界历史上的重大失误	陈海宏著	山东人民出版社	978-7-209-08368-3	2015	人文社科类
82	世界鱼雷艇战史（2册）	刘致著	山东画报出版社	978-7-5474-1096-7	2014	人文社科类
83	书与城：家的记忆，生命的河	陈艳敏著	山东画报出版社	978-7-5474-1227-5	2014	人文社科类
84	孙子文化产业开发研究	姚振文、鹿光珉著	齐鲁书社	978-7-5333-3174-0	2014	人文社科类
85	天南地北山东人（3卷）	卢敏著	山东人民出版社	978-7-209-08379-9	2014	人文社科类
86	天注定	贾樟柯著；任仲伦编	山东画报出版社	978-7-5474-1051-6	2014	人文社科类
87	万物的追问——来自哲学家的邀请	［美］艾德·米勒、［美］宕·延森著；蓝江译	山东画报出版社	978-7-5474-0630-4	2014	人文社科类
88	王献唐著述考	李勇慧撰	山东教育出版社	978-7-5328-6723-3	2014	人文社科类
89	我的爷爷爷英雄	杨牧原著	泰山出版社	978-7-5519-0298-4	2015	人文社科类
90	无畏之海：第一次世界大战海战全史（3册）	章骞著	山东画报出版社	978-7-5474-1347-0	2014	人文社科类

（续表）

编号	书名	责任者	出版社	ISBN	出版年份	类别
91	武装的街巷	［日］黑岛传治著；李光贞译	山东人民出版社	978-7-209-08942-5	2015	人文社科类
92	戏里戏外	刘玉堂著	山东大学出版社	978-7-5607-5019-4	2014	人文社科类
93	硝烟中走来女神	张一涵著	山东人民出版社	978-7-209-09029-2	2015	人文社科类
94	形而下——中国古代器皿造型样式研究	高纪洋著	山东美术出版社	978-7-5330-5522-6	2014	人文社科类
95	晏婴评传	战化军著	山东人民出版社	978-7-209-09208-1	2015	人文社科类
96	一打风花雪月	阿占著	山东画报出版社	978-7-5474-0762-2	2014	人文社科类
97	一代英豪辛弃疾	巨华强著	济南出版社	978-7-5488-1348-4	2015	人文社科类
98	家国情怀	杨文学著	山东人民出版社	978-7-209-08634-9	2014	人文社科类
99	曾子大传	杨存义著	山东人民出版社	978-7-209-09010-0	2015	人文社科类
100	正视抗日战争——抗日战争若干重大历史问题辨析	柳建辉、孙新编著	青岛出版社	978-7-5552-2913-1	2015	人文社科类
101	中国传统文化读本	马新、杨朝明、刘德增、杨守森著	山东大学出版社	978-7-5607-5090-3	2014	人文社科类
102	中国风尚史（4卷）	陈文主编	山东友谊出版社	978-7-5516-0665-3 等	2015	人文社科类

（续表）

编号	书名	责任者	出版社	ISBN	出版年份	类别
103	中国家风	张建云、赵志国主编	山东友谊出版社	978-7-5516-0840-4	2015	人文社科类
104	但开风气不为师——梁启超	袁咏红、程军强著	齐鲁书社	978-7-5333-2818-4	2014	人文社科类
105	中国老会馆的故事	王日根主编	山东画报出版社	978-7-5474-1287-9	2014	人文社科类
106	遗产与更新：中国设计教育反思	许江、靳埭强主编	山东美术出版社	978-7-5330-5354-3	2014	人文社科类
107	中国相声的源与流	陈建华著	齐鲁书社	978-7-5333-3391-1	2015	人文社科类
108	档案里的中国海军历史	马骏杰著	山东画报出版社	978-7-5474-1355-5	2014	人文社科类
109	走进中国政治殿堂	高矛等编著	山东大学出版社	978-7-5607-5064-4	2014	人文社科类
110	走进中国文学殿堂	高矛等编著	山东大学出版社	978-7-5607-5064-4	2014	人文社科类
111	走进中国哲学殿堂	高矛等编著	山东大学出版社	978-7-5607-5064-4	2014	人文社科类
112	走进中国科技殿堂	高矛等编著	山东大学出版社	978-7-5607-5064-4	2014	人文社科类
113	走进中国艺术殿堂	高矛等编著	山东大学出版社	978-7-5607-5064-4	2014	人文社科类
114	走进中国民俗殿堂	高矛等编著	山东大学出版社	978-7-5607-5064-4	2014	人文社科类
115	中外文学交流史 中国－印度卷	郁龙余、刘朝华著	山东教育出版社	978-7-5328-8490-2	2015	人文社科类

（续表）

编号	书名	责任者	出版社	ISBN	出版年份	类别
116	周易图解	常光明著	齐鲁书社	978-7-5333-3163-4	2014	人文社科类
117	朱彦夫	张洪兴著	山东文艺出版社	978-7-5329-5074-4	2015	人文社科类
118	子思学派思想研究	黄维元著	山东人民出版社	978-7-209-09327-9	2015	人文社科类
119	自然法思想史纲	韩伟著	山东人民出版社	978-7-209-07891-7	2015	人文社科类
120	自我、自由与存在——当代中国青少年政治信仰研究	刘江宁著	山东人民出版社	978-7-209-08748-3	2015	人文社科类
121	最后的乡贤——郭连贻传	李登建著	山东文艺出版社	978-7-5329-4491-0	2014	人文社科类
122	作为方法的"民国"	李怡著	山东文艺出版社	978-7-5329-4902-1	2015	人文社科类
123	做个真正的读书人	张期鹏著	山东大学出版社	978-7-5607-5076-7	2014	人文社科类
124	图说老吉祥	矫友田著	济南出版社	978-7-5488-1444-3	2015	人文社科类
125	图说老物件	矫友田著	济南出版社	978-7-5488-1443-6	2015	人文社科类
126	图说老家风	矫友田著	济南出版社	978-7-5488-1442-9	2015	人文社科类
127	图说老祖师	矫友田著	济南出版社	978-7-5488-1445-0	2015	人文社科类
128	蓄藏叶子	邵洪祥著	青岛出版社	978-7-5552-0098-7	2014	人文社科类

编号	书名	责任者	出版社	ISBN	出版年份	类别
129	且行且思	张德贞著	山东人民出版社	978-7-209-09045-2	2015	人文社科类
130	大历史——从宇宙大爆炸到今天	[美]辛西娅·斯托克斯·布朗著；安蒙译	山东画报出版社	978-7-5474-0659-5	2014	科普类
131	大众地学史	陈宝国、李玉静著	山东科学技术出版社	978-7-5331-7656-3	2014	科普类
132	大众纺织技术史	赵翰生、邢声远、田方著	山东科学技术出版社	978-7-5331-7662-4	2015	科普类
133	大众机械技术史	史晓雷著	山东科学技术出版社	978-7-5331-7667-9	2015	科普类
134	大众农学史	曹幸穗、柏芸、张苏、王向东著	山东科学技术出版社	978-7-5331-7659-4	2015	科普类
135	大众数学史	杨静、潘丽云、刘献军、郭书春著	山东科学技术出版社	978-7-5331-7658-7	2015	科普类
136	大众天文学史	王玉民著	山东科学技术出版社	978-7-5331-7665-5	2015	科普类
137	大众物理学史	刘树勇、白欣、周文臣、韦中燊著	山东科学技术出版社	978-7-5331-7664-8	2015	科普类
138	大众医学史	孟君、张大庆著	山东科学技术出版社	978-7-5331-7661-7	2015	科普类
139	改变世界的发明	[美]肯德尔·亥文著；徐莉娜等译	青岛出版社	978-7-5552-1066-5	2014	科普类

（续表）

编号	书名	责任者	出版社	ISBN	出版年份	类别
140	胃科学	[英] T. Duckworth、[英] C. M. Blundell 主编；刘培禾、李德强、张元凯主译	山东科学技术出版社	978-7-5331-7303-6	2014	科普类
141	渤海宝藏	齐继光、丁剑玲主编	中国海洋大学出版社	978-7-5670-0338-5	2014	科普类
142	渤海故事	李夕聪、纪玉渼主编	中国海洋大学出版社	978-7-5670-0337-8	2014	科普类
143	渤海印象	杨立敏主编	中国海洋大学出版社	978-7-5670-0336-1	2014	科普类
144	东海宝藏	李魏然主编	中国海洋大学出版社	978-7-5670-0332-3	2014	科普类
145	东海故事	李建筑主编	中国海洋大学出版社	978-7-5670-0331-6	2014	科普类
146	东海印象	苗振清主编	中国海洋大学出版社	978-7-5670-0330-9	2014	科普类
147	黄海宝藏	李学伦主编	中国海洋大学出版社	978-7-5670-0335-4	2014	科普类
148	黄海故事	陆儒德主编	中国海洋大学出版社	978-7-5670-0334-7	2014	科普类
149	黄海印象	曲金良、赵成国主编	中国海洋大学出版社	978-7-5670-0333-0	2014	科普类
150	南海宝藏	李航主编	中国海洋大学出版社	978-7-5670-0329-3	2014	科普类
151	南海故事	盖广生主编	中国海洋大学出版社	978-7-5670-0328-6	2014	科普类
152	南海印象	李华军主编	中国海洋大学出版社	978-7-5670-0327-9	2014	科普类

编号	书名	责任者	出版社	ISBN	出版年份	类别
153	记忆的宴飨	柳已青著	山东画报出版社	978-7-5474-1399-9	2015	科普类
154	看不见的杀手——漫谈饮食文化中的安全问题	于明梓、王传玲、申杰著	山东人民出版社	978-7-209-07998-3	2014	科普类
155	酷读科学：生物	［英］Peter Ellis 著；朱峰译	山东教育出版社	978-7-5328-5850-7	2014	科普类
156	爱因斯坦的梦想	张毅主编	山东科学技术出版社	978-7-5331-5653-2	2015	科普类
157	毁灭者	张毅主编	山东科学技术出版社	978-7-5331-7648-8	2015	科普类
158	基因的决定	张毅主编	山东科学技术出版社	978-7-5331-7721-8	2015	科普类
159	极限制造	张毅主编	山东科学技术出版社	978-7-5331-7647-1	2015	科普类
160	大放异彩的数学	张毅主编	山东科学技术出版社	978-7-5331-7649-5	2015	科普类
161	地球的历程	张毅主编	山东科学技术出版社	978-7-5331-7655-6	2015	科普类
162	神秘的地方	张毅主编	山东科学技术出版社	978-7-5331-6516-1	2015	科普类
163	万物溯源	张毅主编	山东科学技术出版社	978-7-5331-7651-8	2015	科普类
164	无尽的海洋航程	张毅主编	山东科学技术出版社	978-7-5331-7654-9	2015	科普类
165	新经济时代	张毅主编	山东科学技术出版社	978-7-5331-7650-1	2015	科普类
166	遥望星空	张毅主编	山东科学技术出版社	978-7-5331-7652-5	2015	科普类

（续表）

编号	书名	责任者	出版社	ISBN	出版年份	类别
167	趣味地理	王肇和 著	山东人民出版社	978-7-209-08278-5	2014	科普类
168	趣味考古	叶文宪 著	山东人民出版社	978-7-209-08277-8	2014	科普类
169	趣味历史	于凯、黄爱梅 著	山东人民出版社	978-7-209-08282-2	2014	科普类
170	初识海贝	张素萍 主编	中国海洋大学出版社	978-7-5670-0840-3	2015	科普类
171	海贝采集与收藏	冯广明 主编	中国海洋大学出版社	978-7-5670-0843-4	2015	科普类
172	海贝传奇	李夕聪 主编	中国海洋大学出版社	978-7-5670-0841-0	2015	科普类
173	海贝生存术	魏建功 主编	中国海洋大学出版社	978-7-5670-0842-7	2015	科普类
174	海贝与人类	杨立敏 主编	中国海洋大学出版社	978-7-5670-0839-7	2015	科普类
175	医生是怎么看病的	田吉顺 著	青岛出版社	978-7-5552-1624-7	2015	科普类
176	宇宙的奥秘	[英] 布赖恩·克莱格 著；高彩霞 译	山东画报出版社	978-7-5474-1233-6	2014	科普类
177	中国航天科技创新	李成智 著	山东教育出版社	978-7-5328-7835-2	2015	科普类
178	中国楼梯草属植物	王文采 著	青岛出版社	978-7-5552-0186-1	2014	科普类
179	转基因的前世今生	申俊江 著	山东大学出版社	978-7-5607-5307-2	2015	科普类
180	装帧时代	李志铭 著	山东画报出版社	978-7-5474-1439-2	2015	科普类
181	从田湖出发去找李白	阎连科 著	明天出版社	978-7-5332-8167-0	2014	少儿类

编号	书名	责任者	出版社	ISBN	出版年份	类别
182	海里有条鳄鱼	［意］法比奥·格达著；郭彬彬译	山东文艺出版社	978-7-5329-4262-6	2015	少儿类
183	爸爸老师	汤素兰著	山东教育出版社	978-7-5328-9064-4	2015	少儿类
184	白狼	沈石溪著	明天出版社	978-7-5332-8695-8	2015	少儿类
185	白雪仙童	汤素兰著	山东教育出版社	978-7-5328-8355-4	2015	少儿类
186	白牙	［美］杰克·伦敦著；刘家豪编译	山东教育出版社	978-7-5328-8795-8	2015	少儿类
187	班级宠物一家亲	伍美珍著	明天出版社	978-7-5332-7978-3	2014	少儿类
188	保莉妮和风中王子	［德］詹姆斯·克吕斯著；［奥地利］雷娜特·哈宾格尔绘；朱刘华译	明天出版社	978-7-5332-8087-1	2014	少儿类
189	玫瑰裙子的姐姐	郁雨君著	山东文艺出版社	978-7-5329-4978-6	2015	少儿类
190	不一样的数学故事（6册）	张秀丽、梦小得、龚房芳著	山东教育出版社	978-7-5328-8533-8	2014	少儿类
191	娃娃们的起义	曹文轩著；邹晓萍绘	明天出版社	978-7-5332-7890-8	2014	少儿类
192	六十六道弯	曹文轩著；金子钰绘	明天出版社	978-7-5332-7891-5	2014	少儿类

（续表）

编号	书名	责任者	出版社	ISBN	出版年份	类别
193	第五只轮子	曹文轩著；叶媛媛绘	明天出版社	978-7-5332-7888-5	2014	少儿类
194	蟾	［法］雨果著；［法］奥尼威尔·玛佳伊绘；李珂译	山东文艺出版社	978-7-5329-4767-6	2015	少儿类
195	吃老鼠的熊猫	钟欢著	明天出版社	978-7-5332-7980-6	2014	少儿类
196	摸摸声音的形状	唐云江著	明天出版社	978-7-5332-8559-3	2015	少儿类
197	电视里的卡尔	［奥地利］克里斯蒂娜·涅斯玲格著；［德］尤塔·鲍尔绘；沈锡良译	明天出版社	978-7-5332-7885-4	2014	少儿类
198	儿童安全童话（10 册）	［韩］崔银英等著；［韩］南吉善夏等绘；李贵顺译	山东科学技术出版社	978-7-5331-7589-4	2014	少儿类
199	风筝下的少年	张品成著	山东文艺出版社	978-7-5329-4591-7	2014	少儿类
200	黑骏马	［英］安娜·塞维尔著；刘健编译	山东教育出版社	978-7-5328-8796-5	2015	少儿类
201	侯家路	周国平著	明天出版社	978-7-5332-8239-4	2015	少儿类
202	胡桃小人	鲁冰著	济南出版社	978-7-5488-1398-9	2015	少儿类

编号	书名	责任者	出版社	ISBN	出版年份	类别
203	荒野的呼唤	[美]杰克·伦敦著；李大伟编译	山东教育出版社	978-7-5328-8798-9	2015	少儿类
204	黄瓜国王	[奥]克里斯蒂娜·涅斯特林格著；[德]尤塔·鲍尔绘；赵燮生译	明天出版社	978-7-5332-7881-6	2014	少儿类
205	九久·中国古典小说少年版（41册）	陈秋帆等编著	明天出版社	978-7-5332-7797-0	2014	少儿类
206	桔梗花开	龚房芳著	山东教育出版社	978-7-5328-8849-8	2015	少儿类
207	烽火三少年（2册）	邱勋著	济南出版社	978-7-5488-1384-2	2014	少儿类
208	小疯刀的故事	勤耕著	济南出版社	978-7-5488-1382-8	2014	少儿类
209	两个小小八路	李心田著	济南出版社	978-7-5488-1381-1	2014	少儿类
210	小英雄雨来	管桦著	济南出版社	978-7-5488-1383-5	2014	少儿类
211	少年英雄王二小	陈模著	济南出版社	978-7-5488-1380-4	2014	少儿类
212	地下儿童团	胡树国著	济南出版社	978-7-5488-1385-9	2014	少儿类
213	昆虫记	[法]让·亨利·法布尔著；陈筱卿译	山东人民出版社	978-7-209-06994-6	2014	少儿类
214	老童谣第二辑（5册）	山曼主编	明天出版社	978-7-5332-8009-3	2014	少儿类

（续表）

编号	书名	责任者	出版社	ISBN	出版年份	类别
215	老游戏（5册）	徐鲁著；钟兆慧、肖焕、彭婷绘	明天出版社	978-7-5329-7992-9等	2015	少儿类
216	看看看的自习课之梦——手心的星星	常怡著；粥子米绘	山东文艺出版社	978-7-5332-4518-4	2014	少儿类
217	最有意义的礼物	庞婕蕾著	明天出版社	978-7-5332-8586-9	2015	少儿类
218	我的身体我知道	[法]戴尔芬·果达尔、娜塔莉·威尔森著；[法]斯提芬·尼古勒绘；文赛译	山东科学技术出版社	978-7-5331-6831-5	2014	少儿类
219	我的情绪我控制	[法]穆里尔·苏尔出著；[法]斯提芬·尼古勒绘；文赛译	山东科学技术出版社	978-7-5331-6832-2	2014	少儿类
220	绿光芒	梅子涵著	明天出版社	978-7-5332-8565-4	2015	少儿类
221	罗尔德·达尔作品典藏（13册）	[英]罗尔德·达尔著；代维等译	明天出版社	978-7-5332-8031-4等	2014	少儿类
222	罗圈腿的小猎狗	曹文轩著；芊祥绘	明天出版社	978-7-5332-7770-3	2014	少儿类
223	美丽的乔	[加]玛格丽特·桑德斯著；胡美华译	山东文艺出版社	978-7-5329-4569-6	2014	少儿类

编号	书名	责任者	出版社	ISBN	出版年份	类别
224	美人鱼在彼岸唱歌	伍美珍著	明天出版社	978-7-5332-7582-2	2014	少儿类
225	梦想号游船	汤素兰著	山东教育出版社	978-7-5328-9065-1	2015	少儿类
226	普鲁斯特的小蛋糕	［法］普鲁斯特著；［法］贝蒂·伯恩绘；周克希译	山东文艺出版社	978-7-5329-4768-3	2015	少儿类
227	亲爱的魔鬼先生	［奥地利］克里斯蒂娜·涅斯特林格著；［奥地利］克里斯蒂娜·涅斯特林格绘；沈锡良译	明天出版社	978-7-5332-7882-3	2014	少儿类
228	如果远方有奇迹	商晓娜著	明天出版社	978-7-5332-8428-2	2015	少儿类
229	绝世英才的风范	张嘉骅编著、郜慧荷、昝月淑绘图	青岛出版社	978-7-5552-1459-5	2015	少儿类
230	帝王之路	张嘉骅编著；郜慧荷绘图	青岛出版社	978-7-5552-1456-4	2015	少儿类
231	汉帝国风云录	张嘉骅编著；郜慧荷、昝月淑绘图	青岛出版社	978-7-5552-1460-1	2015	少儿类

（续表）

编号	书名	责任者	出版社	ISBN	出版年份	类别
232	霸王的崛起	张嘉骅编著；郑慧荷、官月淑绘图	青岛出版社	978-7-5552-1457-1	2015	少儿类
233	辩士纵横天下	张嘉骅编著；郑慧荷、官月淑绘图	青岛出版社	978-7-5552-1458-8	2015	少儿类
234	蝉的奏鸣曲	琴姬著；[俄罗斯]撒沙绘	山东科学技术出版社	978-7-5331-7311-1	2014	少儿类
235	蝈蝈的密码	琴姬著；[俄罗斯]撒沙绘	山东科学技术出版社	978-7-5331-7310-4	2014	少儿类
236	蜻蜓的王国	琴姬著；[俄罗斯]撒沙绘	山东科学技术出版社	978-7-5331-7307-4	2014	少儿类
237	螳螂的战刀	琴姬著；[俄罗斯]撒沙绘	山东科学技术出版社	978-7-5331-7309-8	2014	少儿类
238	蝴蝶的舞衣	琴姬著；[俄罗斯]撒沙绘	山东科学技术出版社	978-7-5331-7308-1	2014	少儿类
239	逃逃	秦文君著	明天出版社	978-7-5332-8550-0	2015	少儿类
240	偷尾巴的萌哒	于文胜著	济南出版社	978-7-5488-1681-2	2015	少儿类
241	土豆，快跑！	安亦然著	明天出版社	978-7-5332-8202-8	2014	少儿类

编号	书名	责任者	出版社	ISBN	出版年份	类别
242	我很高兴认识你	郁雨君著	明天出版社	978-7-5332-8568-5	2015	少儿类
243	我们都是好孩子	商晓娜著	明天出版社	978-7-5332-7928-8	2014	少儿类
244	我们一起读红楼：一个书香家庭的名著阅读之旅（2册）	崔思遥、李美瑛著	济南出版社	978-7-5488-1756-7	2015	少儿类
245	我想长成一棵葱	常新港著	青岛出版社	978-7-5552-1113-6	2014	少儿类
246	小调梦师	翌平著	青岛出版社	978-7-5436-7822-4	2014	少儿类
247	小木耳和幸福小猪	商晓娜著	明天出版社	978-7-5332-8545-6	2015	少儿类
248	小王子	[法]安东尼·德·圣-埃克苏佩里著；柳鸣九译	山东人民出版社	978-7-209-06995-3	2014	少儿类
249	笑猫日记（20册）	杨红缨著	明天出版社	978-7-5332-8243-1等	2014	少儿类
250	寻找鱼王	张炜著	明天出版社	978-7-5332-8564-7	2015	少儿类
251	一只小鸡去天国	汤汤著	明天出版社	978-7-5332-8483-1	2015	少儿类
252	幽灵婆婆罗莎	[奥地利]克里斯蒂娜·涅斯特林格著；[奥地利]克里斯蒂娜·涅斯特林格绘；沈锡良译	明天出版社	978-7-5332-7886-1	2014	少儿类

（续表）

编号	书名	责任者	出版社	ISBN	出版年份	类别
253	在你鼻尖跳舞	伍美珍著	明天出版社	978-7-5332-8238-7	2014	少儿类
254	纸上的风暴	张涛著	中国海洋大学出版社	978-7-5670-0919-6	2015	少儿类
255	指甲壳里的海	葛竞	明天出版社	978-7-5332-8501-2	2015	少儿类
256	草原上的小镇	[美]劳拉·英格斯·怀德著；[美]加恩·威廉姆斯绘；王雪纯译	山东文艺出版社	978-7-5329-4573-3	2014	少儿类

第二届奎虚图书奖入围书目

序号	书名	责任者	出版社	ISBN	出版年份	类别
1	花草字传—萌芽开花	张一清著	山东友谊出版社	978-7-5516-1067-4	2016	
	花草字传—四季群芳	张一清著	山东友谊出版社	978-7-5516-1068-1	2016	
	花草字传—满目青翠	张一清著	山东友谊出版社	978-7-5516-1069-8	2016	人文社科类
	花草字传—万紫千红	张一清著	山东友谊出版社	978-7-5516-1070-4	2016	
	花草字传—硕果累累	张一清著	山东友谊出版社	978-7-5516-1071-1	2016	
2	吃了吗	魏新著	山东美术出版社	978-7-5330-6092-3	2016	人文社科类

（续表）

序号	书名	责任者	出版社	ISBN	出版年份	类别
3	大明湖的桥与亭	朋星著	山东画报出版社	978-7-5474-1814-7	2016	人文社科类
4	花月令	蓝紫青灰著	山东文艺出版社	978-7-5329-5263-2	2016	人文社科类
5	台儿庄大战	林治波、赵国章著	山东人民出版社	978-7-209-09086-5	2016	人文社科类
6	案卷里的青岛	刘宗伟著	青岛出版社	978-7-5552-3824-9	2016	人文社科类
7	废墟与花朵——山水艺术志	张荣东、张宜著	山东画报出版社	978-7-5474-1808-6	2016	人文社科类
8	济南，杜蕾来！	《济南，杜蕾来》编委会编著	山东友谊出版社	978-7-5516-0948-7	2016	人文社科类
9	南海路7号	薛原著	山东画报出版社	978-7-5474-1626-6	2016	人文社科类
10	山河破碎国安在	卢德峰著	山东画报出版社	978-7-5474-1582-5	2016	人文社科类
11	诗经弦歌——音乐文化遗产研究	林琳、张蛰鸣著	山东人民出版社	978-7-209-08729-2	2016	人文社科类
12	中国农民书	高艳国、赵方新著	山东画报出版社	978-7-5474-1742-3	2016	人文社科类
13	民国海军舰船志（1938—1945）	陈悦著	山东画报出版社	978-7-5474-1528-3	2016	人文社科类
14	中国名亭的故事	张玉舰著／摄影	山东画报出版社	978-7-5474-1793-5	2016	人文社科类
15	郑和传	吴兴勇著	中国海洋大学出版社	978-7-5670-0630-0	2016	人文社科类

（续表）

序号	书名	责任者	出版社	ISBN	出版年份	类别
16	蔡澜旅行食记	蔡澜著	青岛出版社	978-7-5552-3239-1	2016	人文社科类
17	民国底色：国民党与帮会的恩恩怨怨	刘平、李国庆著	山东画报出版社	978-7-5552-1804-8	2016	人文社科类
18	中国书法用锋泛要	张伯荣著	齐鲁书社	978-7-5333-3473-4	2016	人文社科类
19	齐鲁名医谱	尹常健主编	济南出版社	978-7-5488-2051-2	2016	人文社科类
20	中国陶瓷·泥火传奇	矫克华著	青岛出版社	978-7-5552-3691-7	2016	人文社科类
21	老照片	冯克力主编	山东画报出版社	—	1996年至今	人文社科类
22	我们生活的地球 1	［匈］毛卡迪·玛丽安娜、［匈］陶奇科齐·阿提拉劳著；王勇、陈柏超译	山东科学技术出版社	978-7-5331-8264-9	2016	
	我们生活的地球 2	［匈］毛卡迪·玛丽安娜、［匈］陶奇科齐·阿提拉劳著；王勇、陈柏超译	山东科学技术出版社	978-7-5331-8265-6	2016	科普类

序号	书名	责任者	出版社	ISBN	出版年份	类别
22	我们生活的地球 3	［匈］毛卡迪·玛丽安娜、［匈］陶奇科齐·阿提拉著；王勇、陈柏超译	山东科学技术出版社	978-7-5331-8266-3	2016	科普类
23	地球美姿——地貌	高嵩、魏嘉、刘善军主编	山东科学技术出版社	978-7-5331-8354-7	2016	科普类
24	文房之宝——砚	宋晓媚、张震主编	山东科学技术出版社	978-7-5331-8374-5	2016	科普类
25	地球年轮——地史	陈军、杜圣贤、史国潭主编	山东科学技术出版社	978-7-5331-8353-0	2016	科普类
26	地球馈赠——矿产资源	郝兴中、祝德成、宋晓媚主编	山东科学技术出版社	978-7-5331-8362-2	2016	科普类
27	座头鲸的双面生活	郑烨著	明天出版社	978-7-5332-8774-0	2016	科普类
28	地球使用说明书 1	［韩］金智敏著／绘；陈冶利译	山东美术出版社	978-7-5330-5943-9	2016	科普类
28	地球使用说明书 2	［韩］金智敏著／绘；陈冶利译	山东美术出版社	978-7-5330-5944-6	2016	
29	乡村童谣	王中编著	济南出版社	978-7-5488-2333-9	2016	少儿类

（续表）

序号	书名	责任者	出版社	ISBN	出版年份	类别
30	看！树木	[俄] 撒沙、冯骐 著；[俄] 撒沙绘	山东科学技术出版社	978-7-5331-8378-3	2016	少儿类
31	看！蜗牛	[俄] 撒沙、何慧颖 著；[俄] 撒沙绘	山东科学技术出版社	978-7-5331-8190-1	2016	少儿类
32	看！草儿	[俄] 撒沙、冯骐 著；[俄] 撒沙绘	山东科学技术出版社	978-7-5331-8259-5	2016	少儿类
33	中国故事——趣读楹联	孙丹林著	山东美术出版社	978-7-5330-5900-2	2016	少儿类
	中国故事——诗词的故事	孙丹林著	山东美术出版社	978-7-5330-6002-2	2016	
	中国故事——妙品汉字	孙丹林著	山东美术出版社	978-7-5330-5903-9	2016	
34	妈妈生病的时候	[韩] 李宝拉文图；陈洽利译	山东美术出版社	978-7-5330-5920-0	2016	少儿类
35	越玩越不累	[意] 艾玛努埃拉·娜娃文；[意] 奇雅拉·卡莱尔图；罗楚燕译	明天出版社	978-7-5332-8724-5	2016	少儿类

（续表）

序号	书名	责任者	出版社	ISBN	出版年份	类别
36	12个人一天的生活	[日]杉田比吕美 文/图；米雅译	明天出版社	978-7-5332-8876-1	2016	少儿类
37	我的创意手工书	[西]安娜·利莫斯·普罗梅尔、[西]克里斯蒂娜·克雷歌尔斯著；[西]Nos & Soto工作室摄，张雪玲、易映景译	山东科学技术出版社	978-7-5331-7959-5	2016	少儿类

第三届奎虚图书奖入围书目

序号	书名	作者	出版社	ISBN	出版年份	类别
1	图说竹刻绝艺	骄友田著	济南出版社	978-7-5488-2564-7	2017	人文社科类
	图说木雕绝艺	骄友田著	济南出版社	978-7-5488-2562-3	2017	
	图说皮影绝艺	骄友田著	济南出版社	978-7-5488-2561-6	2017	
	图说陶塑绝艺	骄友田著	济南出版社	978-7-5488-2563-0	2017	

（续表）

序号	书名	作者	出版社	ISBN	出版年份	类别
2	马克思的初心	丁少伦著	济南出版社	978-7-5488-3172-3	2018	人文社科类
3	苍穹下	成刚著	济南出版社	978-7-5488-3443-4	2018	人文社科类
4	老舍与济南（增订本）	李耀曦、周长风编著	济南出版社	978-7-5488-2480-0	2018	人文社科类
5	济南之南泉水考略	董希文著	济南出版社	978-7-5488-3062-7	2018	人文社科类
6	济南往事	魏新、陈忠著	济南出版社	978-7-5488-2903-4	2018	人文社科类
7	大风歌——中国民营经济四十年（1978—2018）	唐明华著	山东人民出版社	978-7-209-09574-7	2018	人文社科类
8	高山仰止——邓小平与现代中国	薛庆超著	山东人民出版社	978-7-209-10078-6	2017	人文社科类
9	一张报纸的抗战——大众日报社史撷英	于岸青著	山东人民出版社	978-7-209-10616-0	2018	人文社科类
10	为政以德——齐鲁文化与中国政治建设	彭耀光著	山东人民出版社	978-7-209-10715-0	2018	
	天下为公——齐鲁文化与中国社会理想	任者春著	山东人民出版社	978-7-209-10716-7	2018	人文社科类
	以文化人——齐鲁文化与中国人文智慧	刘怀荣、魏学宝、李伟著	山东人民出版社	978-7-209-10717-4	2018	

序号	书名	作者	出版社	ISBN	出版年份	类别
11	记忆山东·记忆黄河	刁仕军总主编；刘德增主编	山东人民出版社	978-7-209-11257-4	2017	人文社科类
	记忆山东·记忆大运河	刁仕军总主编；张敬忠主编	山东人民出版社	978-7-209-11257-4	2017	
	记忆山东·记忆齐长城	刁仕军总主编；张敬忠主编	山东人民出版社	978-7-209-11257-4	2017	
	记忆山东·记忆沂蒙	刁仕军总主编；臧济红主编	山东人民出版社	978-7-209-11257-4	2017	
	记忆山东·记忆津浦铁路	刁仕军总主编；庄维民主编	山东人民出版社	978-7-209-11257-4	2017	
	记忆山东·记忆胶东	刁仕军总主编；刘凤鸣主编	山东人民出版社	978-7-209-11257-4	2017	
	记忆山东·记忆小清河	刁仕军总主编；刘德增主编	山东人民出版社	978-7-209-11257-4	2017	人文社科类
	记忆山东·记忆胶济铁路	刁仕军总主编；庄维民主编	山东人民出版社	978-7-209-11257-4	2017	
	记忆山东·记忆半岛海疆	刁仕军总主编；刘大可主编	山东人民出版社	978-7-209-11257-4	2017	

（续表）

序号	书名	作者	出版社	ISBN	出版年份	类别
12	老唱片（第一辑）	孔培培、张刚主编	山东文艺出版社	978-7-5329-5503-9	2018	人文社科类
	老唱片（第二辑）	孔培培、张刚主编	山东文艺出版社	978-7-5329-5504-6	2018	
	老唱片（第三辑）	孔培培、张刚主编	山东文艺出版社	978-7-5329-5505-3	2018	
	老唱片（第四辑）	孔培培、张刚主编	山东文艺出版社	978-7-5329-5506-0	2018	
13	老薛小画·必须觉悟	薛继业绘著	山东文艺出版社	978-7-5329-5613-5	2018	人文社科类
14	风雅济南：济南文学地图	钱欢青、徐征主编	山东文艺出版社	978-7-5329-5454-4	2017	人文社科类
15	食其果	蓝紫青灰著	山东文艺出版社	978-7-5329-5436-0	2017	人文社科类
16	花为媒	蓝紫青灰著	山东文艺出版社	978-7-5329-5437-7	2017	人文社科类
17	路大荒传	路方红著	齐鲁书社	978-7-5333-3690-5	2017	人文社科类
18	以文说物	王振华主编	齐鲁书社	978-7-5333-3966-1	2018	人文社科类
19	中国香文化（典藏版）	傅京亮著	齐鲁书社	978-7-5333-4027-8	2018	人文社科类
20	中国文献载体演变史	赵海丽、蔡先金全著	齐鲁书社	978-7-5333-3771-1	2017	人文社科类
21	山东藏书家史略（增订本）	王绍曾、沙嘉孙著	齐鲁书社	978-7-5333-3492-5	2017	人文社科类
22	中国群山文化大观	王动、徐稻著	山东画报出版社	978-7-5474-2243-4	2018	人文社科类
23	中国时刻：40年400个难忘的瞬间（2册）	陈晓明主编	山东画报出版社	978-7-5474-2952-5等	2018	人文社科类

（续表）

序号	书名	作者	出版社	ISBN	出版年份	类别
24	宣纸上的中国	李北山著	山东画报出版社	978-7-5474-2485-8	2018	人文社科类
25	中国酒史（插图版）	王赛时著	山东画报出版社	978-7-5474-2593-0	2018	人文社科类
26	中国汉字的故事	吴永亮著	山东画报出版社	978-7-5474-2600-5	2018	人文社科类
27	中国文章	胡竹峰著	山东画报出版社	978-7-5474-2662-3	2018	人文社科类
28	绰号里的廉政故事	张壮年、高乐雅编著	山东画报出版社	978-7-5474-2734-7	2018	人文社科类
29	中国名著诞生记	宋炳禄、吕月兰编著	山东画报出版社	978-7-5474-2036-2	2017	人文社科类
30	纸别裁	李瑾著	山东画报出版社	978-7-5474-2377-6	2017	人文社科类
31	贡院墙根街2号	张慧萍著	泰山出版社	978-7-5519-0420-9	2018	人文社科类
32	围城日记	［德］卡尔·约翰·弗斯卡姆普著；杨帆译	青岛出版社	978-7-5436-7978-8	2017	人文社科类
33	青岛与音乐	鲁海、黄默、孙英男著	青岛出版社	978-7-5552-5437-9	2017	人文社科类
34	雅墨清赏·绘画卷	郜敬新著	青岛出版社	978-7-5552-5794-3	2017	人文社科类
35	树下无言	厚朴著	青岛出版社	978-7-5552-5831-5	2017	人文社科类
36	吃鲜儿 董克平饮馔笔记	董克平著	青岛出版社	978-7-5552-5837-7	2017	人文社科类
37	私聊	阿占著	青岛出版社	978-7-5552-6235-0	2018	人文社科类

序号	书名	作者	出版社	ISBN	出版年份	类别
38	青岛与曲艺	吕铭康著	青岛出版社	978-7-5552-6287-9	2018	人文社科类
39	冯骥才艺术谈	冯骥才著	青岛出版社	978-7-5552-5027-2	2017	人文社科类
40	古人原来是这样吃饭的！	许晖著	青岛出版社	978-7-5552-6743-0	2018	人文社科类
41	货殖列传：中国传统商贸文化	谭景玉、齐廉允著	山东大学出版社	978-7-5607-5706-3	2017	人文社科类
	传道授业：中国传统教育	李沈阳著	山东大学出版社	978-7-5607-5724-7	2017	
	大匠良造：中国传统匠作文化	郭浩著	山东大学出版社	978-7-5607-5725-4	2017	
	雕梁画栋：中国传统建筑文化	李仲信著	山东大学出版社	978-7-5607-5726-1	2017	
	格物致知：中国传统科技	王玉喜、韩仲秋著	山东大学出版社	978-7-5607-5727-8	2017	
	精耕细作：中国传统农耕文化	陈新岗、王思萍、张森著	山东大学出版社	978-7-5607-5729-2	2017	
	巧夺天工：中国传统工艺文化	王红莲、徐恩民著	山东大学出版社	978-7-5607-5731-5	2017	
	人文荟萃：中国传统文学	马丽娅著	山东大学出版社	978-7-5607-5732-2	2017	
	神速妙能：中国传统艺术	刘娅萍、宋述林著	山东大学出版社	978-7-5607-5733-9	2017	
	南腔北调：中国传统戏曲	王文清著	山东大学出版社	978-7-5607-5730-8	2017	
	天人之际：中国传统思想	巩宝平著	山东大学出版社	978-7-5607-5734-6	2017	

序号	书名	作者	出版社	ISBN	出版年份	类别
41	五味杂陈：中国传统饮食文化	赵建民、金洪霞著	山东大学出版社	978-7-5607-5735-3	2017	
	衣冠楚楚：中国传统服饰文化	吴欣著	山东大学出版社	978-7-5607-5736-0	2017	
	止戈为武：中国传统兵学	郭海燕著	山东大学出版社	978-7-5607-5737-7	2017	人文社科类
	周流天下：中国传统交通文化	董莉莉、陈莉淑著	山东大学出版社	978-7-5607-5738-4	2017	
	兼容并包：中国传统信仰	贾艳红著	山东大学出版社	978-7-5607-5728-5	2017	
42	人文青岛（第二季）	贡瑞虎主编	中国海洋大学出版社	978-7-5670-1883-9	2018	人文社科类
43	春天住在我的村庄	厉彦林著	山东教育出版社	978-7-5701-0195-5	2018	人文社科类
44	山东名山名水	郭晓琳、董珂主编	山东友谊出版社	978-7-5516-1745-1	2018	人文社科类
45	山东古街古巷	郭晓琳、董珂主编	山东友谊出版社	978-7-5516-1744-4	2018	人文社科类
46	向泥土敬礼	耿立著	山东友谊出版社	978-7-5516-1578-5	2017	人文社科类
47	印记：一个新闻记者眼中的北川十年	贾瑞君著	山东友谊出版社	978-7-5516-1635-5	2018	人文社科类
48	给孩子的人工智能图解	［日］三宅阳一郎、［日］森川幸人著；陈怡萍译	山东人民出版社	978-7-209-10997-0	2017	科普类

（续表）

序号	书名	作者	出版社	ISBN	出版年份	类别
49	改变世界的伟大科学家	谭虎、张岩编著	青岛出版社	978-7-5552-5002-9	2017	科普类
50	改变世界的伟大发现者	吴静、吴文、袁持平编著	青岛出版社	978-7-5552-5003-6	2017	科普类
51	改变世界的伟大明家	丁云、苏焕宁、金晓娜编著	青岛出版社	978-7-5552-4980-1	2017	科普类
52	海盐传奇	纪丽真主编	中国海洋大学出版社	978-7-5670-1135-9	2017	科普类
	古港春秋	曲金良主编	中国海洋大学出版社	978-7-5670-1116-8	2017	
	古船扬帆	何国卫主编	中国海洋大学出版社	978-7-5670-1118-2	2017	
53	图说中国古建筑：故宫	周乾著	山东美术出版社	978-7-5330-6774-8	2018	科普类
	图说中国古建筑：传统古建	周乾著	山东美术出版社	978-7-5330-6773-1	2018	
54	中医之术——本草方药·针灸推拿	孙蓉、李晓宁、亚图著	济南出版社	978-7-5488-2514-2	2017	科普类
55	中医之本——阴阳五行·望闻问切	刘更生、张蕾、张潇潇著	济南出版社	978-7-5488-2515-9	2017	科普类

序号	书名	作者	出版社	ISBN	出版年份	类别
56	中医之史——大医精诚·名家辈出	匡建民、刘晓天著	济南出版社	978-7-5488-2516-6	2017	科普类
57	再现世界历史（90册）	多作者合作编著	山东科学技术出版社	978-7-5331-8815-3 等	2017	科普类
58	百味本草的前世与今生	梁善勇编著	山东科学技术出版社	978-7-5331-9193-1	2018	科普类
59	中国书法史	葛华灵著	山东美术出版社	978-7-5330-5932-3	2017	少儿类
	扬州八怪	于小漫著	山东美术出版社	978-7-5330-5938-5	2017	
	中国古代音乐史	刘婷竹著	山东美术出版社	978-7-5330-5931-6	2017	
	齐白石	赵德阳著	山东美术出版社	978-7-5330-5939-2	2017	少儿类
	凡·高	杨涓著	山东美术出版社	978-7-5330-5935-4	2017	
	米罗	孙媛媛著	山东美术出版社	978-7-5330-5934-7	2017	
60	牛郎织女	金波主编；陈淑娟绘画	明天出版社	978-7-5332-9181-5	2018	少儿类
	三戏海龙王	金波主编；李泽绘画	明天出版社	978-7-5332-9182-2	2018	
	黄帝战蚩尤	金波主编；冯莺、赖振辉绘画	明天出版社	978-7-5332-9183-9	2018	

（续表）

序号	书名	作者	出版社	ISBN	出版年份	类别
60	黄骠马	金波主编；刘学波绘画	明天出版社	978-7-5332-9184-6	2018	少儿类
	赵州桥的传说	金波主编；李卓颖绘画	明天出版社	978-7-5332-9185-3	2018	
	燧人氏钻木取火	金波主编；刘畅绘画	明天出版社	978-7-5332-9186-0	2018	
	寒食节	金波主编；刘学波绘画	明天出版社	978-7-5332-9187-7	2018	
	叶限和鲤鱼	金波主编；张瑜绘画	明天出版社	978-7-5332-9188-4	2018	
	螺祖织锦	金波主编；龚燕翎绘画	明天出版社	978-7-5332-9192-1	2018	
	刑天争神	金波主编；刘腾骞绘画	明天出版社	978-7-5332-9193-8	2018	
61	游园	保冬妮文；刘江萍图	明天出版社	978-7-5332-9553-0	2018	少儿类
	影子爷爷	保冬妮文；曹艳红图	明天出版社	978-7-5332-9554-7	2018	
	放风筝	保冬妮文；曹艳红图	明天出版社	978-7-5332-9880-7	2018	
	虎头帽	保冬妮文；黄捷图	明天出版社	978-7-5332-9559-2	2018	
	蓝花坊	保冬妮文；黄捷图	明天出版社	978-7-5332-9555-4	2018	
	小小虎头鞋	保冬妮文；黄捷图	明天出版社	978-7-5332-9556-1	2018	

（续表）

序号	书名	作者	出版社	ISBN	出版年份	类别
62	让孩子着迷的经典：唐诗	李楹琬著、陈桂珍编	齐鲁书社	978-7-5333-3946-3	2018	少儿类
	让孩子着迷的经典：宋词	陈桂珍、李楹琬编著	齐鲁书社	978-7-5333-3947-0	2018	
63	有故事的汉字（第四辑）·人文历史篇	苏真编著	青岛出版社	978-7-5552-6826-0	2018	
	有故事的汉字（第四辑）·动物植物篇	苏真编著	青岛出版社	978-7-5552-6825-3	2018	少儿类
	有故事的汉字（第四辑）·日月星辰篇	苏真编著	青岛出版社	978-7-5552-6824-6	2018	
64	我们的汉字——任溶溶写给孩子的汉字书	任溶溶著	青岛出版社	978-7-5552-7718-7	2018	少儿类
65	中国好家风	徐友田著	济南出版社	978-7-5488-3277-5	2018	少儿类
66	尼山新六艺：非遗	张继平、张广渎著	济南出版社	978-7-5488-3402-1	2018	少儿类
67	万物启蒙诗歌读本（全三卷）	钱锋主编	济南出版社	978-7-5488-3026-9	2018	少儿类

第四届奎虚图书奖入围书目

序号	书名	责任者	出版社	ISBN	出版年份	类别
1	老子与现代生活	刘长允著	齐鲁书社	978-7-5333-4327-9	2020	人文社科类
2	爱上语文	王崧舟著	齐鲁书社	978-7-5333-4134-3	2019	人文社科类
3	论语之美	张自福编著	青岛出版社	978-7-5552-8076-7	2019	人文社科类
4	新文学版本杂谈	朱金顺著	青岛出版社	978-7-5552-2111-1	2019	人文社科类
5	东昌草木记	谭庆禄著	青岛出版社	978-7-5552-7682-1	2019	人文社科类
6	流连在济南时光深处	周长风著	山东画报出版社	978-7-5474-3179-5	2019	人文社科类
7	考证济南	雍坚著	山东画报出版社	978-7-5474-3254-9	2019	人文社科类
8	济南访象录	陈明超著	山东画报出版社	978-7-5474-3180-1	2019	人文社科类
9	历史深处的叹息：走向民国的苍茫故往	金满楼著	山东画报出版社	978-7-5474-2663-0	2019	人文社科类
10	中国藏书楼的故事	谢灼华主编	山东画报出版社	978-7-5474-2353-0	2019	人文社科类
11	诗经手绘图谱（植物卷、动物卷）	[日]冈元凤、[日]细井徇绘撰；徐峙立纂辑、注析	山东画报出版社	978-7-5474-1687-7 978-7-5474-2035-5	2019	人文社科类

（续表）

序号	书名	责任者	出版社	ISBN	出版年份	类别
12	美在乡村	潘鲁生著	山东教育出版社	978-7-5701-0477-2	2019	人文社科类
13	大国根基	董峻、傅晓航著	山东科学技术出版社	978-7-5331-9898-5	2019	人文社科类
14	为了新中国——革命烈士纪念碑碑文敬读	学习时报编辑部编	山东人民出版社	978-7-209-12806-3	2020	人文社科类
15	大江魂	郭保林著	山东人民出版社	978-7-209-11499-8	2019	人文社科类
16	水墨山东	郝桂尧著	山东人民出版社	978-7-209-12260-3	2019	人文社科类
17	公道文源	商志晓、孙书文等著	山东人民出版社	978-7-209-10764-8	2019	人文社科类
18	发往前线的家书	赵念民主编	山东文艺出版社	978-7-5329-6079-8	2020	人文社科类
19	从美感童性到情本体——李泽厚美学文录	李泽厚著	山东文艺出版社	978-7-5329-5862-7	2019	人文社科类
20	野有蔓草：《诗经》草木图志	蓝紫青灰著	山东文艺出版社	978-7-5329-5902-0	2020	人文社科类
21	影像日记——记着镜头下的全民战"疫"	李舸主编	山东文艺出版社	978-7-5329-6078-1	2020	人文社科类
22	木版年画：杨洛书	李为著	山东友谊出版社	978-7-5516-1802-1	2019	人文社科类

（续表）

序号	书名	责任者	出版社	ISBN	出版年份	类别
23	雕版印刷	扬州中国雕版印刷博物馆编著	山东友谊出版社	978-7-5516-1864-9	2019	人文社科类
24	孔子的叮咛	杨朝明著	山东友谊出版社	978-7-5516-1954-7	2019	人文社科类
25	饮食字传（品物篇、烹制篇、味觉篇）	张一清著	山东友谊出版社	978-7-5516-1809-0 978-7-5516-1807-6 978-7-5516-1808-3	2019	人文社科类
26	祭孔大典	杨义堂著	山东友谊出版社	978-7-5516-1859-5	2019	人文社科类
27	中国鲁锦	王大海著	山东友谊出版社	978-7-5516-1862-5	2019	人文社科类
28	让我隔空抱抱你——镜头下的人民战"疫"纪实	《山东画报》记者组编著	山东友谊出版社	978-7-5516-2082-6	2020	人文社科类
29	手艺的终结	李北山著	泰山出版社	978-7-5519-0604-3	2020	人文社科类
30	我在世界名人之家	车吉心著	泰山出版社	978-7-5519-0577-0	2019	人文社科类
31	青岛老建筑之旅	袁宾久编著	中国海洋大学出版社	978-7-5670-2126-6	2019	人文社科类
32	胶济铁路风物史	王帅著	中国海洋大学出版社	978-7-5670-2054-2	2019	人文社科类
33	温度与人类文明的进程	武斌著	山东人民出版社	978-7-209-12693-9	2020	人文社科类

序号	书名	责任者	出版社	ISBN	出版年份	类别
34	质疑逼近真相	王志编著	山东人民出版社	978-7-209-12774-5	2020	人文社科类
35	卷帘看：中国诗画阅读记	李鸿杰著	济南出版社	978-7-5488-4296-5	2020	人文社科类
36	龙山文化：古城文明湖源流	王绍东著	济南出版社	978-7-5488-4044-2	2020	人文社科类
37	明府城：一城山色半城湖	耿仝著	济南出版社	978-7-5488-4039-8	2020	人文社科类
38	百花洲：秋水芙蓉一镜涵	耿仝著	济南出版社	978-7-5488-4038-1	2020	人文社科类
39	人在济南：众泉为我洗尘埃	池永庆著	济南出版社	978-7-5488-4042-8	2020	人文社科类
40	我们的微生物世界：传染病防控科普类读本	高阳编著	济南出版社	978-7-5488-4315-3	2020	科普类
41	中医湖源	高兴衍著	山东科学技术出版社	978-7-5331-9720-9	2019	科普类
42	历史时期中国气候变化	文焕然著；文榕生选编整理	山东科学技术出版社	978-7-5331-9779-7	2019	科普类
43	听变异再讲遗传学	［西班牙］前沿科学小组著；王晴译	山东美术出版社	978-7-5330-7749-5	2020	科普类
44	中国海洋地标	青岛海洋科普联盟编	中国海洋大学出版社	978-7-5670-2195-2	2019	科普类

（续表）

序号	书名	责任者	出版社	ISBN	出版年份	类别
45	冰火之歌——揭开可燃冰的神秘面纱	陈强、李彦龙、林琦著	中国石油大学出版社	978-7-5636-6834-2	2020	科普类
46	中国海洋科学家	青岛海洋科普类联盟编	中国海洋大学出版社	978-7-5670-2194-5	2019	科普类
47	探访珊瑚礁	盖广生主编	中国海洋大学出版社	978-7-5670-1592-0	2019	科普类
48	珊瑚礁与人类	杨立敏主编	中国海洋大学出版社	978-7-5670-1783-2	2019	科普类
49	中医是什么	王祚邦著	青岛出版社	978-7-5552-9202-9	2020	科普类
50	藏在地图里的二十四节气（4册）	郝志新主编；智典棒棒糖绘制	山东友谊出版社	978-7-5516-1870-0 978-7-5516-1868-7 978-7-5516-1869-4 978-7-5516-1871-7	2019	少儿类
51	地图上的史记（6卷）	陈绍棣主编	山东友谊出版社	978-7-5516-2031-4	2020	少儿类
52	雪山上的达娃	裘山山著	明天出版社	978-7-5708-0194-7	2019	少儿类
53	好忙的除夕	翁艺珊文·图	明天出版社	978-7-5708-0525-9	2019	少儿类
54	回老家过年	孙卫卫文；张娣图	明天出版社	978-7-5708-0450-4	2019	少儿类
55	招财狗	李如青文·图	明天出版社	978-7-5332-9764-0	2019	少儿类
56	有鸽子的夏天	刘海栖著	山东教育出版社	978-7-5701-0460-4	2019	少儿类
57	藏在课本里的"博物馆"	王竹馨、陈邦善编著	山东人民出版社	978-7-209-12648-9	2020	少儿类

（续表）

序号	书名	责任者	出版社	ISBN	出版年份	类别
58	藏在课本里的字里乾坤	陈默编著	山东人民出版社	978-7-209-12649-6	2020	少儿类
59	我们待会见	黄雅玲文·图	山东人民出版社	978-7-209-11981-8	2019	少儿类
60	叽里咕噜嘭碰	黄郁钦文·图	山东人民出版社	978-7-209-11980-1	2019	少儿类
61	摩法校车（6册）	张顺燕著；露比顺·lv绘	山东人民出版社	978-7-209-12271-9	2019	少儿类
62	我们的国宝	洋洋兔编绘	泰山出版社	978-7-5519-0597-8	2020	少儿类
63	小贝壳大世界（5册）	青岛贝壳博物馆编著	中国海洋大学出版社	978-7-5670-2164-8	2019	少儿类
64	化育天下："三孔"世界遗产怎样读懂	张龙、杨孝瑜编著	山东美术出版社	978-7-5330-7427-2	2019	少儿类
65	你是我的眼	卢戎著	明天出版社	978-7-5708-0602-7	2020	少儿类
66	读给孩子的诗经	陈菌编；顾志珊绘	青岛出版社	978-7-5552-7719-4	2019	少儿类

第五届奎虚图书奖入围书目

序号	书名	责任者	出版社	ISBN	出版年份	类别
1	海洋先驱唐世凤	刘宜庆著	中国海洋大学出版社	978-7-5670-3074-9	2022	人文社科类

（续表）

序号	书名	责任者	出版社	ISBN	出版年份	类别
2	徒步山东	东方 主编	山东友谊出版社	978-7-5516-2353-7	2021	人文社科类
3	中国字 中国人	《中国字 中国人》委会编著	山东友谊出版社	978-7-5516-2649-1	2022	人文社科类
4	收藏的意趣	柳建明 著	青岛出版社	978-7-5552-3294-0	2021	人文社科类
5	被动的开放——清末胶济铁路建设史	王斌 著	山东科学技术出版社	978-7-5723-1245-8	2022	人文社科类
6	历代图案之美	郑军 著	山东画报出版社	978-7-5474-3888-6	2022	人文社科类
7	泰山何以独尊：中华历史文化大背景下的泰山	鹿锋 著	山东画报出版社	978-7-5474-3886-2	2021	人文社科类
8	黄河传	张中海 著	山东人民出版社	978-7-209-13627-3	2021	人文社科类
9	山东音乐文物史	温增源 著	齐鲁书社	978-7-5333-4485-6	2021	人文社科类
10	中华文化海外传播简史	武斌 著	山东人民出版社	978-7-209-13596-2	2022	人文社科类
11	沈阳故宫四百年：一部叙事体的文化史记	武斌 著	山东人民出版社	978-7-209-13333-3	2021	人文社科类
12	我以我血荐华章——《大众日报》在沂蒙	于岸青 著	山东人民出版社	978-7-209-13414-9	2021	人文社科类
13	济南府学文庙研究	广少奎、庄倩钰 等编著	山东教育出版社	978-7-5701-1630-0	2021	人文社科类

序号	书名	责任者	出版社	ISBN	出版年份	类别
14	曲阜孔庙研究	广少奎、高群、曹务春编著	山东教育出版社	978-7-5701-1643-0	2021	人文社科类
15	非遗之美：山东省非物质文化遗产赏析 2	王传东主编	山东教育出版社	978-7-5701-1803-8	2021	人文社科类
16	地下秦朝	张卫星著	山东文艺出版社	978-7-5329-6557-1	2022	人文社科类
17	山东味道	郝桂尧著	山东人民出版社	978-7-209-13917-5	2022	人文社科类
18	不再遗忘：一战西线华工	张汉钧著	山东人民出版社	978-7-209-11890-3	2021	人文社科类
19	沂蒙壮歌	厉彦林著	山东文艺出版社	978-7-5329-6419-2	2021	人文社科类
20	铁人印记	郭岗彦著	中国石油大学出版社	978-7-5636-7138-0	2021	人文社科类
21	大罗庄——一个村庄与一个政党的百年长卷	姜成娟著	山东教育出版社	978-7-5701-1732-1	2021	人文社科类
22	孔门十哲	潘恩群著	山东教育出版社	978-7-5701-2004-8	2022	人文社科类
23	中国传统文化精神	楼宇烈著	济南出版社	978-7-5488-4905-6	2022	人文社科类
24	国家行动：麻风防治的中国模式和世界样板	杨牧原、杨文学著	山东文艺出版社	978-7-5329-6121-4	2021	人文社科类
25	中国北斗	龚盛辉著	山东文艺出版社	978-7-5329-5852-8	2021	人文社科类

（续表）

序号	书名	责任者	出版社	ISBN	出版年份	类别
26	光耀齐鲁——100个山东优秀共产党人的故事	百集微纪录片《光耀齐鲁》创作组编	山东人民出版社	978-7-209-13469-9	2021	人文社科类
27	太平洋探险史：从库克船长到达尔文	[英]奈杰尔·里格比、[英]彼得·范德默斯特、[英]格林·威廉姆斯著；胡晓红译	山东人民出版社	978-7-209-13571-9	2022	人文社科类
28	红色科学路——山东科学家传记（2册）	王晶主编	山东人民出版社	978-7-209-13238-1	2021	人文社科类
29	百年沂蒙（上下部）	杨文学、杨牧原著	山东文艺出版社	978-7-5329-6328-7	2021	人文社科类
30	文物里的故事系列（3册）：惊艳了时光：汉代文物里的故事；繁华如梦：唐代文物里的故事；美了千年：宋代文物里的故事	金陵小岱、王正彬著	山东人民出版社	978-7-209-13553-5 978-7-209-13552-8 978-7-209-13551-1	2022	人文社科类
31	靠山	铁流著	人民文学出版社、青岛出版社	978-7-02-016535-3	2021	人文社科类
32	国色：最美的中国画卷	刘曦林主编	山东美术出版社	978-7-5330-8102-7	2021	人文社科类
33	中国世界自然遗产及自然与文化双遗产全记录	于海广主编	齐鲁书社	978-7-5333-4562-4	2022	人文社科类

序号	书名	责任者	出版社	ISBN	出版年份	类别
34	我的教育我的爱——一位齐鲁名师的专业成长之路（2册）	郑金丛著	山东美术出版社	978-7-5330-8956-6	2021	人文社科类
35	何以孔子	孔繁轲著	山东友谊出版社	978-7-5516-2311-7	2022	人文社科类
36	人的存在之思：马克思哲学再诠释	何中华著	山东人民出版社	978-7-209-13349-4	2022	人文社科类
37	甜土地	曾哲著	山东人民出版社	978-7-209-13842-0	2022	人文社科类
38	一地霜白	陈年喜著	山东文艺出版社	978-7-5329-6481-9	2022	人文社科类
39	中国瓷鉴	叶佩兰著	山东友谊出版社	978-7-5516-2576-0	2022	人文社科类
40	中国的运河	史念海著	山东人民出版社	978-7-209-13695-2	2022	人文社科类
41	假如历史是一首诗（2册）：藏在古诗词里的盛唐史；藏在古诗词里的两宋史	刘应、刘威著	山东科学技术出版社	978-7-5723-1203-8 978-7-5723-1204-5	2022	人文社科类
42	我们，从未忘记——"英烈面孔"背后的故事	林宇辉绘	山东美术出版社	978-7-5330-8854-5	2021	人文社科类
43	龟去来兮：走进海龟的世界	王静、范敏、张宇、刘敏主编	中国海洋大学出版社	978-7-5670-3164-7	2022	科普类

奎虚图书奖入围书目

（续表）

序号	书名	责任者	出版社	ISBN	出版年份	类别
44	中国灭绝与再发现植物手绘图鉴	贺然、王英伟、孙英宝主编	山东科学技术出版社	978-7-5723-0153-7	2021	科普类
45	挺进深海潜航一万米	王自堃、赵建东编著	青岛出版社	978-7-5552-8544-1	2021	科普类
46	生命礼赞：追寻演化的奥秘	苗德岁著	青岛出版社	978-7-5736-0011-0	2022	科普类
47	桥梁上的中国	葛剑雄主编	山东画报出版社	978-7-5474-3887-9	2021	科普类
48	朴散为器——近现代传统家具行业变迁	薛坤著	山东教育出版社	978-7-5701-0899-2	2021	科普类
49	中医文化与国学复兴	张其成著	济南出版社	978-7-5488-4910-0	2022	科普类
50	以书为本——姜海涛书籍艺术行与思	姜海涛著	山东教育出版社	978-7-5701-2002-4	2022	科普类
51	餐桌上的中国	刘朴兵著	齐鲁书社	978-7-5333-4535-8	2022	科普类
52	海草苫房——东楮岛村海草房建筑艺术	黄永健著	山东教育出版社	978-7-5701-0900-5	2021	科普类
53	跟着蛟龙去探海（4册）：探海重器；海底奇观；奇妙生物圈；深海宝藏	刘峰总主编	中国海洋大学出版社	978-7-5670-2754-1 978-7-5670-2753-4 978-7-5670-2752-7 978-7-5670-2755-8	2021	科普类

（续表）

序号	书名	责任者	出版社	ISBN	出版年份	类别
54	藏在中药里的二十四节气（4册）	刘兵总主编	山东友谊出版社	978-7-5516-2583-8	2022	科普类
55	地球不能没有动物（10册）	林育真著	山东教育出版社	978-7-5701-2212-7	2022	科普类
56	六月的风——胶东抗日孩子剧团	程凯、张洁著	山东友谊出版社	978-7-5516-2492-3	2022	少儿类
57	初心如炬	《共产党宣言》陈列馆编著；马骧、马良绘	山东友谊出版社	978-7-5516-2303-2	2021	少儿类
58	噢！中草药	徐建明著；孙文新绘	山东科学技术出版社	978-7-5723-0915-1	2021	少儿类
59	我们的宣言	郭凯冰著	青岛出版社	978-7-5552-7784-2	2021	少儿类
60	游泳	刘海栖著	青岛出版社	978-7-5736-0039-4	2022	少儿类
61	藏在课本里的国学盛宴	王蒙蒙编著	山东人民出版社	978-7-209-10589-7	2021	少儿类
62	藏在课本里的美食地图	陈译编著	山东人民出版社	978-7-209-10591-0	2021	少儿类
63	风筝是会飞的鱼	王棵著	明天出版社	978-7-5332-9458-8	2021	少儿类
64	人体大发现：图说身体里的那些事儿	［波］马尔达·马露诗查克著；［波］托马斯·萨莫依克绘；王易净译	山东人民出版社	978-7-209-13654-9	2022	少儿类

（续表）

序号	书名	责任者	出版社	ISBN	出版年份	类别
65	花侉侉	张吾亩文；谢秋颖绘	青岛出版社	978-7-5552-4378-6	2022	少儿类
66	龙灯	翌平著；[意]萨拉·乌戈洛蒂绘；单定平译	青岛出版社	978-7-5552-8830-5	2021	少儿类
67	鲁班的故事	徐建明文；张丽华图	山东教育出版社	978-7-5701-1676-8	2021	少儿类
68	喜鹊小偷	[意]艾尔玛诺·德提；[意]罗伯特·罗森提图；罗楚燕译	明天出版社	978-7-5708-0006-3	2021	少儿类
69	推动航海发展的指南针	陈长海编著；海润阳光绘	山东人民出版社	978-7-209-13377-7	2022	少儿类
70	给孩子讲讲三星堆（3册）：走近古蜀文明；揭秘三星堆；探寻金沙古城	刘兴诗著；刘瑶绘	青岛出版社	978-7-5736-0187-2 978-7-5736-0188-9 978-7-5736-0189-6	2022	少儿类
71	母亲河	唐玮著；王克举绘	山东人民出版社	978-7-209-13191-9	2021	少儿类
72	海上漂来你的信	于潇湉著	青岛出版社	978-7-5552-4973-3	2022	少儿类
73	琴声飞过旷野	徐贵祥著	明天出版社	978-7-5708-1021-5	2022	少儿类
74	爱的川流不息（插图版）	张炜著	山东教育出版社	978-7-5701-1651-5	2021	少儿类

序号	书名	责任者	出版社	ISBN	出版年份	类别
75	李清照的故事	徐建明文；张丽华图	山东教育出版社	978-7-5701-2320-9	2021	少儿类
76	我那些成长的烦恼	梁晓声著	山东教育出版社	978-7-5701-1733-8	2021	少儿类
77	白果树下	刘致福著	青岛出版社	978-7-5736-0090-5	2022	少儿类
78	草原寻马	鲍尔吉·原野文；谧瑜图	明天出版社	978-7-5708-1246-2	2022	少儿类
79	戴面具的我	常新港著	明天出版社	978-7-5708-1304-9	2022	少儿类
80	永恒的火与血（3 册）	黄如军 主编	明天出版社	978-7-5708-1117-5 978-7-5708-1380-3 978-7-5708-1118-2	2022	少儿类
81	和云朵一起奔跑	荆歌著	明天出版社	978-7-5708-1401-5	2022	少儿类
82	蓝色暑假	陈佂著	山东画报出版社	978-7-5474-4254-8	2022	少儿类
83	老茶馆	廖小琴文；郑汉丽图	明天出版社	978-7-5708-1489-3	2022	少儿类
84	漫画物理（6 册）	米吉卡武、张伟伟编著	山东科学技术出版社	978-7-5723-1238-0	2022	少儿类
85	系红围巾的猫	米吉卡文；猫屋 Becky 图	山东教育出版社	978-7-5701-2219-6	2022	少儿类
86	小推车，吱吻吻	鲁冰著；李多芬绘	山东文艺出版社	978-7-5329-6595-3	2022	少儿类
87	一双大鞋	薛涛文；朱成梁图	明天出版社	978-7-5708-1385-8	2022	少儿类

（续表）

序号	书名	责任者	出版社	ISBN	出版年份	类别
88	博物馆奇妙夜——历史里的秘密（4册）	柳霞主编	山东友谊出版社	978-7-5516-2401-5	2022	少儿类
89	写给青少年的党史（精编版）	邵维正主编	青岛出版社	978-7-5552-2870-7	2021	少儿类
90	少年读山海经（3册）	刘兴诗著；刘瑶绘	青岛出版社	978-7-5552-9773-4 978-7-5552-9774-1 978-7-5552-9775-8	2021	少儿类

附 录

奎虚图书奖章程（2016）

　　第一条　奎虚图书奖是在山东省图书馆的倡导下，由全省图书馆及读者、专家、媒体共同围绕建设学习型社会和倡导全民阅读举办的公益性优秀图书奖项。

　　第二条　奎虚图书奖由山东省图书馆主办，每年举办一届。

　　第三条　奎虚图书奖坚持公益性，目标是评选出适宜阅读的、读者喜爱的鲁版图书，从而推进培养公众读书的兴趣，吸引公众关注山东区域出版；发挥省图书馆在倡导读书、服务读书、传承地方文明中的重要作用，建立全省图书馆界服务全民阅读的示范平台，搭建一个作者、读者、学者、出版者、图书馆相互交流沟通的平台，创造作者写好书，出版社出好书，读者读好书的良好社会氛围，共同担负起集存、传承、弘扬齐鲁文明的社会责任。

　　第四条　奎虚图书奖的组织机构包括组委会、评委会和活动办公室。

　　1. 奎虚图书奖组委会

　　奎虚图书奖组委会的组成包括顾问、主任、副主任和委员，负责制定章程，对奎虚图书奖重大事务进行决策。

　　2. 奎虚图书奖评委会

　　奎虚图书奖评委会由相关领域的专家学者组成。

　　3. 奎虚图书奖活动办公室

　　奎虚图书奖活动办公室的组成包括主任和成员，负责日常工作和组织实施。

　　第五条　奎虚图书奖的奖项设置为优秀图书奖、推荐图书奖。

优秀图书奖和推荐图书奖的评选范围为前一年 1 月 1 日至 12 月 31 日（以版权页记载时间为准），由山东省出版行政管理部门批准成立的出版机构在国内正式出版、公开发行（包括限国内发行）的汉文版图书。再版书和重印本不参加评选。增订本可以参加评选。首届奎虚图书奖的优秀图书和推荐图书奖评选的范围定为 2014 年 1 月至 2015 年 12 月出版的图书。

优秀图书奖和推荐图书奖的评选对象包括人文社科类、科普类和少儿类的大众读物，侧重于能够传播知识、陶冶情操，提高公众的人文素养和科学素养的图书。

第六条 奎虚图书奖授予获奖图书的著（译）者和出版单位。

第七条 奖励办法

1. 奖金

获优秀图书奖的署名第一著者或署名第一译者将获得山东省图书馆颁发的奎虚图书奖奖牌和 5000 元奖金，并由其负责处理相关事宜。

2. 奖牌

获优秀图书奖的图书署名第一出版单位，将获得山东省图书馆颁发的奎虚图书奖奖牌，并由其负责处理相关事宜。

3. 获奖证书

获推荐图书奖的图书署名著 / 译者和出版单位将获得山东省图书馆颁发的证书一份，证书发放范围以版权页内容为准。

获奖结果公布之日起，三个月内未予领奖的，视为放弃奖金。

第八条 宣传与推广

奎虚图书奖颁奖仪式于每年的世界读书日（4 月 23 日）举行，届时公布获奖图书名单。

获奖图书名单通过媒体予以宣传，引导读者阅读，推荐家庭收藏或图书馆收藏。

围绕获奖图书举行展览、讲座及访谈等推广活动，为读者和获奖图书的作者及出版社提供交流的平台。

山东省图书馆

2016 年 1 月 12 日

奎虚图书奖章程（2017）

第一条 奎虚图书奖是在山东省图书馆的倡导下，由全省图书馆及读者、专家、媒体共同围绕建设学习型社会和倡导全民阅读举办的公益性优秀图书奖项。

第二条 奎虚图书奖由山东省图书馆主办，每年举办一届。

第三条 奎虚图书奖坚持公益性，本着"倡导原创，关注本土，大众普适"的原则，目标是评选出适宜阅读的、读者喜爱的鲁版图书，从而推进培养公众读书的兴趣，吸引公众关注山东区域出版；发挥省图书馆在倡导读书、服务读书、传承地方文明中的重要作用，建立全省图书馆界服务全民阅读的示范平台，搭建一个作者、读者、学者、出版者、图书馆相互交流沟通的平台，创造作者写好书，出版社出好书，读者读好书的良好社会氛围，共同担负起集存、传承、弘扬齐鲁文明的社会责任。

第四条 奎虚图书奖的组织机构包括组委会、评委会和活动办公室。

1. 奎虚图书奖组委会

奎虚图书奖组委会的组成包括主任、副主任和委员，负责制定章程，对奎虚图书奖重大事务进行决策。

2. 奎虚图书奖评委会

奎虚图书奖评委会由相关领域的专家学者组成。

3. 奎虚图书奖活动办公室

奎虚图书奖活动办公室的组成包括主任和成员，负责日常工作和组织实施。

第五条　奎虚图书奖的奖项设置为优秀图书奖、推荐图书奖和特别图书奖。（均可空缺）

优秀图书奖和推荐图书奖的评选范围为上年度 1 月 1 日至 12 月 31 日（以版权页记载时间为准），由山东省出版行政管理部门批准成立的出版机构在国内正式出版、公开发行（包括限国内发行）的汉文版图书。再版书和重印本不参加评选。增订本可以参加评选。

优秀图书奖和推荐图书奖的评选对象包括人文社科类、科普类和少儿类的非虚构性的大众读物，侧重于能够传播知识、陶冶情操，提高公众的人文素养和科学素养的图书。

特别图书奖授予获奖图书的出版社。评选对象为改革开放 30 多年以来出版的，在业界和读者中影响大，具有开创意义且销量、口碑俱佳的图书。

第六条　奎虚图书奖授予获奖图书的著（译）者、责任编辑和出版单位。

第七条　奖励办法

1. 奖金

获优秀图书奖的署名第一著者或署名第一译者将获得山东省图书馆颁发的奎虚图书奖 5000 元奖金，并由其负责处理相关事宜。

获优秀图书奖图书的责任编辑将获得山东省图书馆颁发的奎虚图书奖 4000 元奖金，并由其负责处理相关事宜。

获特别图书奖的出版社将获得山东省图书馆颁发的奎虚图书奖 5000 元奖金，并由其负责处理相关事宜。

2. 获奖证书

获奖图书（含优秀图书奖、推荐图书奖）署名著/译者、责任编辑将获得山东省图书馆颁发的证书一份，证书发放范围以版权页内容为准。

获特别奖的出版单位将获得山东省图书馆颁发的证书一份。

获奖结果公布之日起，三个月内未予领奖的，视为放弃奖金。

第八条 宣传与推广

奎虚图书奖颁奖仪式于每年的世界读书日（4 月 23 日）举行，届时公布获奖图书名单。

获奖图书名单通过媒体予以宣传，引导读者阅读，推荐家庭收藏或图书馆收藏。

围绕获奖图书举行展览、讲座及访谈等推广活动，为读者和获奖图书的作者及出版社提供交流的平台。设立线上奎虚图书奖读者互动专区及相关活动。

山东省图书馆

2017 年 1 月

奎虚图书奖章程（2019）

第一条 奎虚图书奖是在山东省图书馆的倡导下，由全省图书馆及读者、专家、媒体共同围绕建设学习型社会和倡导全民阅读举办的公益性优秀图书奖项。

第二条 奎虚图书奖由山东省图书馆主办，视鲁版图书每年出版情况举办。

第三条 奎虚图书奖坚持公益性，本着"倡导原创，关注本土，大众普适"的原则，目标是评选出适宜阅读的、读者喜爱的鲁版图书，从而推进培养公众读书的兴趣，吸引公众关注山东区域出版；发挥省图书馆在倡导读书、服务读书、传承地方文明中的重要作用，建立全省图书馆界服务全民阅读的示范平台，搭建一个作者、读者、学者、出版者、图书馆相互交流沟通的平台，创造作者写好书，出版社出好书，读者读好书的良好社会氛围，共同担负起集存、传承、弘扬齐鲁文明的社会责任。

第四条 奎虚图书奖的组织机构包括组委会、评委会和活动办公室。

1. 奎虚图书奖组委会

奎虚图书奖组委会的组成包括主任、副主任和委员，负责制定章程，对奎虚图书奖重大事务进行决策。

2. 奎虚图书奖评委会

奎虚图书奖评委会由相关领域的专家学者组成。

3. 奎虚图书奖活动办公室

奎虚图书奖活动办公室的组成包括主任和成员，负责日常工作和组织实施。

第五条 奎虚图书奖的奖项设置为优秀图书奖、推荐图书奖和特别图书奖。（均可空缺）

优秀图书奖和推荐图书奖的评选范围为上一年度或多年度1月1日至12月31日（以版权页记载时间为准），由山东省出版行政管理部门批准成立的出版机构在国内正式出版、公开发行（包括限国内发行）的汉文版图书。再版书和重印本不参加评选。增订本可以参加评选。

优秀图书奖和推荐图书奖的评选对象包括人文社科类、科普类和少儿类的非虚构性的大众读物，侧重于能够传播知识、陶冶情操，提高公众的人文素养和科学素养的图书。

特别图书奖授予获奖图书的出版社。评选对象为改革开放40多年以来出版的，在业界和读者中影响大，具有开创意义且销量、口碑俱佳的图书。

第六条 奎虚图书奖授予获奖图书的著（译）者、责任编辑和出版单位。

第七条 奖励办法

1. 奖金

获优秀图书奖的署名第一著者或署名第一译者将获得山东省图书馆颁发的奎虚图书奖5000元奖金，并由其负责处理相关事宜。

获优秀图书奖图书的责任编辑将获得山东省图书馆颁发的奎虚图书奖4000元奖金，并由其负责处理相关事宜。

获特别图书奖的出版社将获得山东省图书馆颁发的奎虚图书奖5000元奖金，并由其负责处理相关事宜。

2. 获奖证书

获奖图书（含优秀图书奖、推荐图书奖）署名著/译者、责任编辑将获得山东省图书馆颁发的证书一份，证书发放范围以版权页内容为准。

获特别奖的出版单位将获得山东省图书馆颁发的证书一份。

获奖结果公布之日起，三个月内未予领奖的，视为放弃奖金。

第八条 宣传与推广

奎虚图书奖于每年的世界读书日（4 月 23 日）公布获奖图书名单，并举行颁奖仪式。

获奖图书名单通过媒体予以宣传，引导读者阅读，推荐家庭收藏或图书馆收藏。

围绕获奖图书举行展览、讲座及访谈等推广活动，为读者和获奖图书的作者及出版社提供交流的平台。设立线上奎虚图书奖读者互动专区及相关活动。

山东省图书馆

2019 年 1 月

奎虚图书奖章程（2021）

第一条 奎虚图书奖是在山东省图书馆的倡导下，由全省图书馆及读者、专家、媒体共同围绕建设学习型社会和倡导全民阅读举办的公益性优秀图书奖项。

第二条 奎虚图书奖由山东省图书馆主办，每2—3年举办一次。

第三条 奎虚图书奖坚持公益性，本着"倡导原创，关注本土，大众普适"的原则，目标是评选出适宜阅读的、读者喜爱的鲁版图书，从而推进培养公众读书的兴趣，吸引公众关注山东区域出版；发挥省图书馆在倡导读书、服务读书、传承地方文明中的重要作用，建立全省图书馆界服务全民阅读的示范平台，搭建一个作者、读者、学者、出版者、图书馆相互交流沟通的平台，创造作者写好书，出版社出好书，读者读好书的良好社会氛围，共同担负起集存、传承、弘扬齐鲁文明的社会责任。

第四条 奎虚图书奖的组织机构包括组委会、评委会和活动办公室。

1. 奎虚图书奖组委会

奎虚图书奖组委会的组成包括主任、副主任和委员，负责制定章程，对奎虚图书奖重大事务进行决策。

2. 奎虚图书奖评委会

奎虚图书奖评委会由相关领域的专家学者组成。

3. 奎虚图书奖活动办公室

奎虚图书奖活动办公室的组成包括主任和成员，负责日常工作和组织实施。

第五条　奎虚图书奖的奖项设置为优秀图书奖、推荐图书奖和特别图书奖。（奖项或数量可空缺）

优秀图书奖和推荐图书奖的评选时间为前2—3年（每个出版完整年为1月1日至12月31日，以版权页记载时间为准）出版图书。评选范围为由山东省出版行政管理部门批准成立的出版机构在国内正式出版、公开发行（包括限国内发行）的汉文版图书。增订本可以参加评选；再版书和重印本不参加评选。

优秀图书奖和推荐图书奖的评选对象包括人文社科类、科普类和少儿类的非虚构性的大众读物，侧重于能够传播知识、陶冶情操，提高公众的人文素养和科学素养的图书。

特别图书奖授予获奖图书的出版社。评选对象为改革开放40多年以来出版的，在业界和读者中影响大，具有开创意义且销量、口碑俱佳的图书。

第六条　奎虚图书奖授予获奖图书的著（译）者、责任编辑和出版单位。

第七条　奖励办法

1.奖金

获优秀图书奖的署名第一著者或署名第一译者将获得山东省图书馆颁发的奎虚图书奖5000元奖金，并由其负责处理相关事宜。

获优秀图书奖图书的责任编辑将获得山东省图书馆颁发的奎虚图书奖4000元奖金，并由其负责处理相关事宜。

获特别图书奖的出版社将获得山东省图书馆颁发的奎虚图书奖5000元奖金，并由其负责处理相关事宜。

获奖结果公布之日起，三个月内未予领奖的，视为放弃奖金。

2.获奖证书

获奖图书（含优秀图书奖、推荐图书奖）署名著/译者、责任编辑将获得山东省图书馆颁发的证书一份，责任方式以版权页内容为准。

获特别奖的出版单位将获得山东省图书馆颁发的证书一份。

第八条 宣传与推广

奎虚图书奖于每年的世界读书日（4 月 23 日）公布获奖图书名单，并举行颁奖仪式。

获奖图书名单通过媒体予以宣传，引导读者阅读，推荐家庭收藏或图书馆收藏。

围绕获奖图书举行展览、讲座及访谈等推广活动，为读者和获奖图书的作者及出版社提供交流的平台。

山东省图书馆

2021 年 1 月

奎虚图书奖章程（2023）

第一条 奎虚图书奖是在山东省图书馆的主导下，由全省图书馆及读者、专家、媒体共同围绕建设学习型社会和倡导全民阅读举办的公益性优秀图书奖项。

第二条 奎虚图书奖由山东省图书馆主办，每2年举办一次。

第三条 奎虚图书奖坚持公益性，本着"倡导原创，关注本土，大众普适"的原则，目标是评选出适宜阅读的、读者喜爱的鲁版图书，从而推进培养公众读书的兴趣，吸引公众关注山东区域出版。搭建作者、读者、学者、出版者、图书馆间相互开放交流融通的平台；集存乡邦文献，传承齐鲁优秀文化的传播展示平台；创造作者写好书，出版社出好书，图书馆荐好书，读者读好书的全民阅读的推广平台。发挥省图书馆在倡导读书、服务读书的重要作用，担负起集存、传承、弘扬齐鲁文明的社会责任。

第四条 奎虚图书奖的组织机构包括组委会、评委会和活动办公室。

1. 奎虚图书奖组委会

奎虚图书奖组委会的组成包括主任、副主任和委员，负责制定章程，对奎虚图书奖重大事务进行决策。

2. 奎虚图书奖评委会

奎虚图书奖评选委员会分为初评委员会和终评委员会，由图书馆及相关领域的专家学者组成。

3. 奎虚图书奖活动办公室

奎虚图书奖活动办公室的组成包括主任、副主任和成员，负责日常工作、组织实施和阅读推广。

　　第五条　奎虚图书奖的奖项设置为优秀图书奖、推荐图书奖、特别图书奖和出版贡献奖。（奖项或数量可空缺）

　　优秀图书奖和推荐图书奖的评选时间为前 2 年（每个出版完整年为 1 月 1 日至 12 月 31 日，以版权页记载时间为准）出版图书。评选范围为由山东省出版行政管理部门批准成立的出版机构在国内正式出版、公开发行（包括限国内发行）的汉文版图书。增订本可以参加评选；再版书和重印本不参加评选。

　　优秀图书奖和推荐图书奖的评选对象包括人文社科类、科普类和少儿类的非虚构性的大众读物，侧重于能够传播知识、陶冶情操，提高公众的人文素养和科学素养的图书。

　　特别图书奖列为单项奖，增设装帧设计奖、主题出版奖、中华优秀传统文化奖等系列单项奖。单项奖可以从优秀奖、推荐奖中产生，奖项和奖金亦可兼得。出版贡献奖授予获得优秀图书奖图书数量最多或评奖周期内出版图书在业界享有一定影响的出版社。

　　装帧设计奖：奖予整体设计、封面设计等方面突出，表现出艺术思维、构思创意和技术手法的系统设计，体现阅读功能和审美要求辩证统一的图书。

　　主题出版奖：奖予围绕党和国家中心工作宣传方针政策、记录时代进步、书写辉煌成就，充分反映新时代中国特色社会主义伟大成就的图书。

　　中华优秀传统文化奖：奖予挖掘、传承和弘扬中华优秀传统文化，如诸子百家思想、宗教哲学、琴棋书画、中国戏剧、诗词曲赋、传统节日、中国建筑、民间工艺、衣冠服饰、古玩器物、中医药、中医学、中华武术、饮食厨艺等，结合时代要求继承创新，让中华文化展现出永久魅力和时代风采，体现中华民族的精神命脉，挖掘其中所蕴含的知识体系、人文精神、道德规范、价值观念、思想信仰、行为规范、风俗习惯等方面的图书。

第六条 奎虚图书奖授予获奖图书的著（译）者、责任编辑、和出版单位。

第七条 奖励办法

1. 奖金

优秀图书奖的署名第一著者或署名第一译者将获得山东省图书馆颁发的奎虚图书奖 5000 元奖金，并由其负责处理相关事宜。获奖结果公布之日起，三个月内未予领奖的，视为放弃奖金。

特别图书奖获得的出版单位将获得山东省图书馆颁发的奎虚图书奖 3000 元奖金，并由出版单位负责处理相关事宜。

2. 获奖证书及奖牌

获奖图书（含优秀图书奖、推荐图书奖、特别图书奖）署名著/译者、责任编辑将获得山东省图书馆颁发的证书一份，证书发放范围以版权页内容为准。获得出版贡献奖的出版单位将获得山东省图书馆颁发的奖牌一个。

获奖结果公布之日起，三个月内未予领奖的，视为放弃奖金。

第八条 宣传与推广

奎虚图书奖于世界读书日（4 月 23 日）公布获奖图书名单，并举行颁奖仪式。获奖图书名单通过媒体予以宣传，引导读者阅读，推荐家庭收藏或图书馆收藏。

发挥"奎虚图书奖"获奖后效应，围绕获奖作品开展奎虚读书会阅读推广活动，增强社会公众参与的力度，提高品牌社会影响力。

山东省图书馆

2023 年 1 月

各界寄语

作者寄语

"奎虚文学奖"是齐鲁书界大了，是写信人出版人和广大读者的一个盛大节日。

张炜 2023.5.19

张 炜

中国作家协会副主席

首届奎虚图书奖优秀奖作品

《寻找鱼王》作者

豪情忽来诗下酒，青春做伴岁月长

只要文学还在，青春就不会退场

——赠言山东省图书馆奎虚图书奖

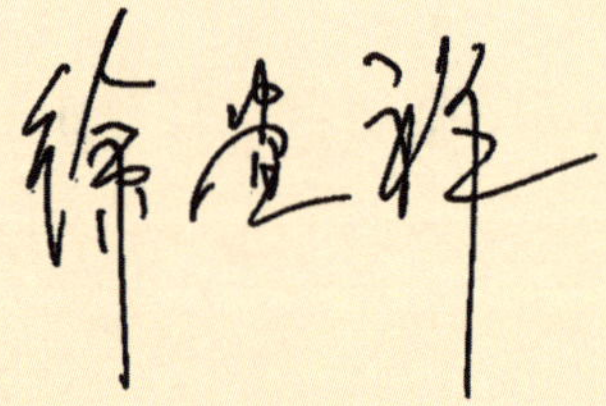

徐贵祥

涂贵祥

中国作家协会副主席

第五届奎虚图书奖优秀奖作品

《琴声飞过旷野》作者

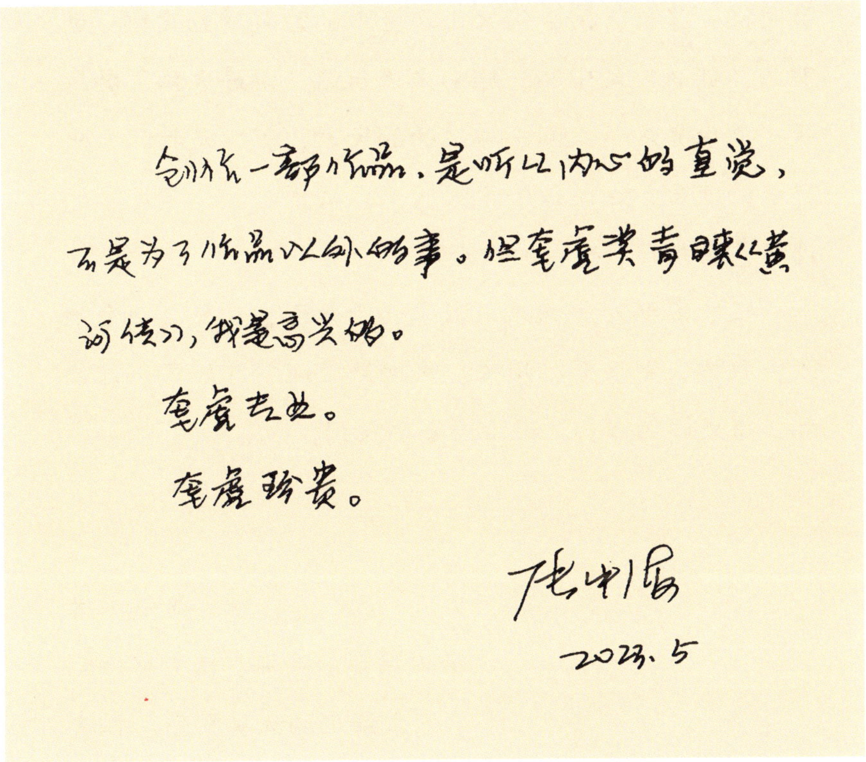

创作一部作品，是听从内心的直觉，而是为了作品以外的事。但奎虚奖青睐《黄河传》，我是高兴的。

奎虚去也。

奎虚珍贵。

张中海

2023. 5

张中海

第五届奎虚图书奖优秀奖作品

《黄河传》作者

文物是有温度的，它不是冷冰冰的。在创作这套书的时候，我常常为古代文化及古人的智慧感到震撼，也明白了什么才是中华民族的文化自信。讲好文物里的故事，向世界展示我们中华文明的风采，不仅是我们文史作者的使命，也是每一个现代人、每一个青少年同学的使命，是我们所有人的必修课。

　　这次获奖对于我来说既是一个激励，也更是一个鞭策，我将在今后更加用心、更加严谨地创作好每一部作品，将更好的作品呈现给读者朋友们。

金陵小岱

第五届奎虚图书奖优秀奖作品

《文物里的故事系列》作者

感谢山东省图书馆和齐鲁书社的举荐，暨谢广大读者朋友们的厚爱。在《山东音乐文物史》荣获第五届奎虚优秀图书奖之际，欣做"奎虚书香"藏头诗四句，以表谢忱。

奎星暖鲁阳，
虚宿映东齐，
书润齐鲁贤，
香气熏华章。

温增源
2023.5.23

温增源
第五届奎虚图书奖优秀奖作品
《山东音乐文物史》作者

作为《地球不能没有动物》科普书的作者，我清楚地记得这套书的首版曾被纳入 2020 年全国百部优秀科普作品之列，2022 年还入选中宣部出版局向全国青少年推荐的百种优秀出版物。国家层面这两次荣誉，激励我们再接再厉推出了《地球不能没有动物·生生不息》，获评第五届奎虚奖。这是具有山东特色的知名图书奖项，是一个爱书懂书、倡导原创、鼓励作者写好书的部门评出的奖项，我在深感荣幸的同时，不由想到本人和省图书馆结下的不解之缘。早在二十世纪六七十年代，我就是省图的读者，那时我工作单位缺少德文书刊，通过图书借阅极大地帮助我积累了必要的德文知识，使我后来有机会几次公派赴德国，在实施和完成研究课题的同时得以近距离学习、了解德国科普图书的状况，形成了我喜爱科普、坚持做公益科普的信念。

感谢山东省图书馆设立奎虚奖，感谢提名专家姜宝良先生，感谢山东教育出版社支持出版，衷心感谢几位编辑在成书过程中多次讨论商榷、互勉促进！

林育真

第五届奎虚图书奖优秀奖作品

《地球上不能没有动物》作者

齐鲁大地是孔孟之乡，人文荟萃，文脉悠长，自古以来是中华文明的重要发展勃兴之地。奎虚图书奖秉承奎虚书藏文化精神，致力于弘扬中华优秀传统文化，记录时代进步，集存乡邦文献，汇聚文明经典，已经成为我国图书界的经典品牌，在推动建设学习型社会，倡导全民阅读，促进山东出版事业的精品化、品牌化等方面发挥了积极的引领作用。值此第五届奎虚图书奖评选活动开展之时，预祝评选活动推选出更多更好的鲁版优秀作品，在社会文明建设中发挥更大作用，并祝愿奎虚图书奖行稳致远，不断取得新的成绩。

武　斌

北京外国语大学特聘教授

第五届奎虚图书奖推荐奖作品

《中华文化海外传播简史》作者

中国有辽阔的疆域，更有连续不断的悠久历史，因此造就了丰富的自然与文化双遗产。作为学者，将这一宝贵财富介绍给更多的中国人了解，以增强民族认同感和自豪感，是不容推辞的责任。而此次奎虚奖的获奖，必将在更大的范围内实现这一心愿！感谢奎虚奖组委会给予的荣誉！

于海广

山东大学教授

第五届奎虚图书奖推荐奖作品

《中国世界自然遗产及自然与文化双遗产全记录》作者

专家寄语

去芜取精，书海导航，把最好的鲁版图书推荐给读者！

陈文东

山东省作协副主席

没有书，我无法想象自己会活成什么样子。我一直坚信：开卷有益，功不唐捐。

逄春阶

山东省政协委员、大众报业集团培训委总监

山东省报告文学学会会长

图书馆界寄语

齐鲁之邦，礼仪之乡；奎虚书藏，文明华章。自2016年设立以来，"奎虚图书奖"在山东省图书馆的主导下，坚持"倡导原创，关注本土，大众普适"的原则，评选出许多适宜公众阅读、广受读者喜爱的鲁版图书，为集存乡邦文献、传承齐鲁优秀文化做出重大贡献。山东省图书馆作为文津图书奖的联合评审单位之一，多年来与国家图书馆一同秉持着"传承文明、服务社会"的初心，为读者、作者、出版社、图书馆及社会各界之间搭建起了相互开放、交流融通的桥梁。

《遇见奎虚——一至五届奎虚图书奖获奖作品汇辑》是奎虚图书奖历届优秀成果的宝贵结晶，更是山东省图书馆发挥文化传播与社会教育职能的重要象征。对于该书的出版，文津图书奖在此表示祝贺。

春华秋实续七载，书海撷英惠八方。国家图书馆愿与山东省图书馆一同秉持"传承文明、服务社会"的初心，继续以敏锐的眼光，探寻图书的矿脉，在作者和读者之间，编织航行于浩瀚书海的思想之舟，不断引领阅读新风尚，一起为全民阅读做出更多贡献！

国家图书馆文津图书奖秘书处

奎虚为魂，齐鲁为本。每部作品都是心灵的烛火，照亮我们的文化之路。愿每位读者都能带着好奇和热情，探寻更多的齐鲁文化精粹，收获智慧的果实。

涂月霞

青岛市图书馆馆长

研究馆员

奎虚映明湖赓续齐鲁文脉，鲁图润海右书写时代新章。

王　海

济南市图书馆行政负责人

研究馆员

聚合齐鲁文明，存续山东文脉，奎虚图书奖已成为引领全民阅读的优秀文化品牌。遇见奎虚，见识更广阔美好的世界。

姜艳平

淄博市图书馆党支部书记、馆长

研究馆员

奎虚精品，汇聚阅读力量，弘扬齐鲁文化，传承地方文明，抒写时代新篇。

郑晓光

潍坊市图书馆党总支书记、馆长

研究馆员

我们相信，有了这份读书指引，会使您的阅读更有价值！

纪文杰

济宁市图书馆党委书记、馆长

研究馆员

希望借助"奎虚图书奖"历年评选活动，全社会充分认识齐鲁文化在新时代的社会价值，进而致力于弘扬齐鲁文化，讲好齐鲁故事，推进全省出版工作及全民阅读事业。

刘树伟

烟台图书馆副馆长

研究馆员

志高存远，担当责任，铸就鲁版图书新辉煌。

杜丽娜

威海市图书馆副馆长

研究馆员

以奎虚盛藏，惠齐鲁后学。
求知若渴，勇于探索；
用热忱、开放的心态去阅读，去探索新世界！

王 鹏

德州市图书馆采编部主任

副研究馆员

奎星主鲁，虚星主齐，以二星分野，括齐鲁疆域！

吾视奎虚之项，乃如襁褓之婴孩，集千百前辈之功力，定将不负原设之初衷，今特推持奎虚图书奖，泽被千万齐鲁儿女心，望借奎虚之风力，乘势将民众之素质再拔新高！

一书一字一世界，一版一文一心绪，我齐鲁大地万千事迹，饱满生动之象跃然纸上，家家传诵、户户朗阅，建昂扬精神之高楼，筑巍峨品行之广厦，弘我齐鲁精神之风貌，扬我华夏传统之风尚。

好书者，人恒乐阅之，设奎虚奖以供激励，方能策好书者笔耕不辍，以达佳作横流、高曲长绕之良效。

恰逢奎虚七年，面此朗朗缓升之新星，携诸佳作奉齐鲁大地，吾心骤喜，遂献此言。

钱鹏鹏

泰安市图书馆采编部主任

副研究馆员

编辑寄语

　　"奎虚图书奖"，旨在宣传鲁版图书、传承齐鲁文化，经过七年的发展，已成为读者认可的全民阅读推广平台。作为出版社的一名编辑，作为山东的出版工作者，我为我们山东有这个奖项而骄傲，也为自己责编的图书入选"奎虚图书奖"而自豪。在未来的职业生涯中，我将坚守新时代出版人的初心，推出更多受读者欢迎的精品图书。

马　洁

山东人民出版社编辑

　　作为一名编辑，最大的愿望就是能做出一本真正的好书，不仅自己喜欢，也能经得住市场考验，得到读者的赞誉。"奎虚图书奖"，给默默无闻的编辑们提供了一个展示成果的平台，激励着我们继续向前，做出更多的精品图书。

张卫玲

山东人民出版社编辑

衷心感谢奎虚奖对《地球不能没有动物·生生不息》的肯定和鼓励。作为责任编辑，能遇到这样一套知识性与趣味性并存的科普书，我们感到非常幸运。在编辑出版的过程中，我们以作者的知识结构为基础，进行知识系统架构、知识点拓展，并在充分调研少儿科普读物的前提下，进行装帧形式上的探索和创新。

奎虚奖的肯定是对"科"字当头的科普书的肯定，我们今后将继续秉承"科"字当头的理念，在科普读物领域深耕细作，做好大自然与孩子之间的桥梁。

顾思嘉　周易之

山东教育出版社编辑

奎虚图书奖项的设立，让更多的中华优秀传统文化被看见。

代莹莹

济南出版社编辑

奎虚图书奖对原创作品的创作、出版具有导航作用，对传统文化在群众中的普及具有引领作用，对中华文化的建设具有积极的促进作用，功莫大焉。祝愿奎虚图书奖越办越好！

李文文

济南出版社编辑

打造鲁版好书，传承中华文明，是齐鲁书社所有编辑的使命与担当。祝"奎虚图书奖"越办越好，引领更多的读者登上书籍这台时光机，遨游宇宙，尚友古人，探索未来。

向　群

齐鲁书社编辑

希望奎虚奖稳扎稳打，乘胜追击，发现更多好书，办成具有全国影响力的地方图书奖品牌。

裴继祥

齐鲁书社编辑

出版社寄语

　　非常荣幸人民社连续两届获得奎虚奖出版贡献奖。传承齐鲁文脉，汇聚华夏书香，人民社始终围绕举旗帜、聚民心、育新人、兴文化、展形象建设社会主义文化强国而不懈奋斗。获颁出版贡献奖既是对人民社出版工作的认可与支持，更是对全体出版同仁的鞭策与鼓励。

　　党的二十大对繁荣发展文化事业和文化产业提出了新的要求。本届奎虚奖创新评奖机制，优中选优、精品荟萃，遴选出一大批鲁版精品佳作，受到社会的广泛关注。

　　人民社将秉承"服务大局，注重品位；弘扬学术，普及科学"的出版理念，一如既往地为繁荣发展文化事业不懈努力。

胡长青

山东人民出版社社长

祝奎虚图书奖用更多优秀的童书陪伴孩子们度过
生命中一个完整的春天！

涂迪南
明天出版社总编辑

以齐鲁之分野，承文脉之厚重。七年来，奎虚图书奖以"倡导原创、关注本土、大众普适"为宗旨，以"作者写好书，出版社出好书，读者读好书"为初心，砥砺前行，逐步在作者、出版社、读者、图书馆之间搭建起了一座彩虹之桥，在倡导全民阅读、讲好山东故事、培育鲁版优秀图书阅读品牌、传承齐鲁文明等方面做出了巨大贡献，产生了极大反响。衷心祝愿"奎虚图书奖"这一奖项越办越好，塑造品牌，收获信任，拥有旺盛生命力！

齐鲁书社

2023 年 2 月 18 日

孔子云：知之者不如好之者，好之者不如乐之者。作为知识的搬运工，为读者出版好书是我们的职责，为读者推荐好书是我们的义务。愿"奎虚奖"为大家推荐更多鲁版好书。

李　晋

山东美术出版社社长

其他寄语

少年游

作家　雍绪建

　　奎星自古主文章，分野齐鲁乡。而今奖掖，奎虚永继，东壁更芬芳。

　　为书莫诗春光老，争望露锋芒。盛景欣逢，乘风好上，人醉纸墨香。